ネイマール

父の教え、僕の生きかた

ネイマール&ネイマール・ジュニア

CONVERSA
ENTRE PAI
E FILHO

マウロ・ベティング／イヴァン・モレー 著
竹澤 哲 訳

徳間書店

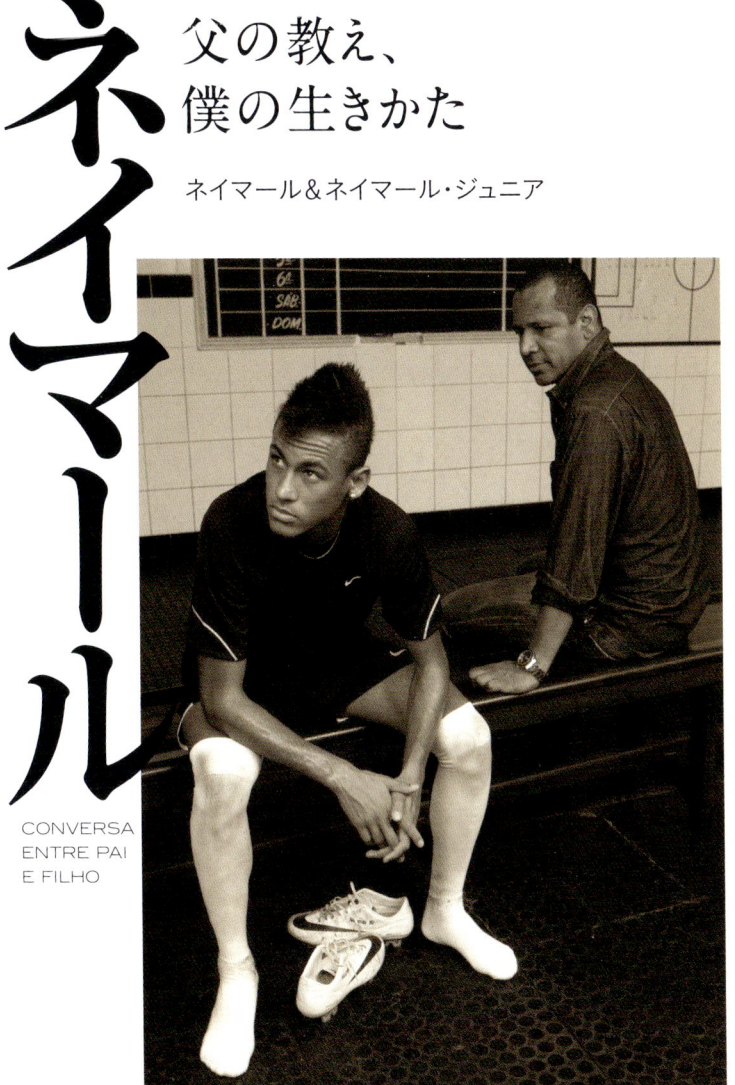

Keita Yasukawa

Keita Yawa/Sports Graphic Number

Brazil vs Japan GroupA-FIFA Confederations Cup Brazil 2013 JUNE 15

僕は、常に責任を持ってプレーしている。
そして、対戦相手をリスペクトしている――。

Keita Yasukawa

At Camp Nou Stadium on June 3, 2013 in Barcelona, Spain

僕は新しいユニフォームを着て、
新たなる夢を求め続ける――。

Getty Images

ネイマール・ジュニア年表

年齢	年	出来事
誕生	1992	2月5日／サンパウロ州モジ・ダス・クルーゼスに父・ネイマール、母・ナジーネの長男として生まれる
6歳	1998	ベッチーニョコーチに見いだされ、サン・ヴィセンテにあるクラブ、「トゥミアル」にてフットサルを始める
7歳	1999	ベッチーニョと共にポルトゥゲーザ・サンチスタに移る
11歳	2003	サントスFCの下部組織に入る
13歳	2006	スペイン、レアル・マドリードからオファーを受け取るが断る
17歳	2009	3月7日／サンパウロ州選手権対オエスチ戦にてトップチームデビューを果たす 3月15日／サンパウロ州選手権対モジ・ミリン戦にてプロ初ゴールを決める U-17ワールドカップに出場する。日本戦でゴール
18歳	2010	サンパウロ州選手権優勝、大会MVP獲得。サントスFCクラブ史上初のコパ・ド・ブラジル優勝 子どもを中心にネイマールのモヒカンカットが大流行 7月26日／アメリカ合衆国との親善試合でA代表デビュー。代表初ゴールを決める 9月15日／アトレチコ・ゴイアニエンセ戦でPKを蹴らせてもらえなかったことでドリヴァウ・ジュニア監督ともめる

Keita Yasukawa

運命の師・ベッチーニョ

仲良しの妹・ラファエラと

最愛の母・ナジーネと

19歳	20歳	21歳	22歳
2011	2012	2013	2014

2011（19歳）

U-20南米大会（ペルー）優勝。ロンドンオリンピックへの出場を決める

8月24日／ダヴィ・ルッカ誕生

サンパウロ州選手権2連覇、大会MVP

48年ぶり、クラブ史上3度目となるコパ・リベルタドーレス杯優勝、大会MVP

イングランド、チェルシーからのオファーを断り、2014年ワールドカップまでブラジルに留まることを発表

クラブワールドカップ決勝でFCバルセロナに0対4で敗れる

FIFAフェレンツ・プスカシュ賞を受賞

2012（20歳）

サンパウロ州選手権3連覇を達成

ロンドンオリンピックに出場。決勝でメキシコに敗れ銀メダル

2013（21歳）

5年契約でFCバルセロナへ移籍

コンフェデレーションズカップ優勝。4得点を決めてブロンズシュー賞、ゴールデンボール賞（大会MVP）

8月21日／スペイン、スーペルコパ対アトレティコ戦でバルセロナとして初の公式戦ゴールを決める

2014（22歳）

6月／ワールドカップブラジル大会

Keita Yasukawa

Keita Yasukawa

コンフェデ杯のゴールデンボールとブロンズシュー

Keita Yasukawa

Getty Images

サントスFCは、僕にとって我が家であり
家庭そのものだ――。

São Paulo State Championship Final on May 15, 2011 in Santos, Brazil

Getty Images

FIFA Club World Cup December, 2011

Keita Yasukawa

FIFA Confederations Cup Brazil JUNE, 2013

Keita Yasukawa

OSCAR
11

Keita Yasukawa

父さんが僕にしてくれたすべてのことを、
息子にしてあげたい――。

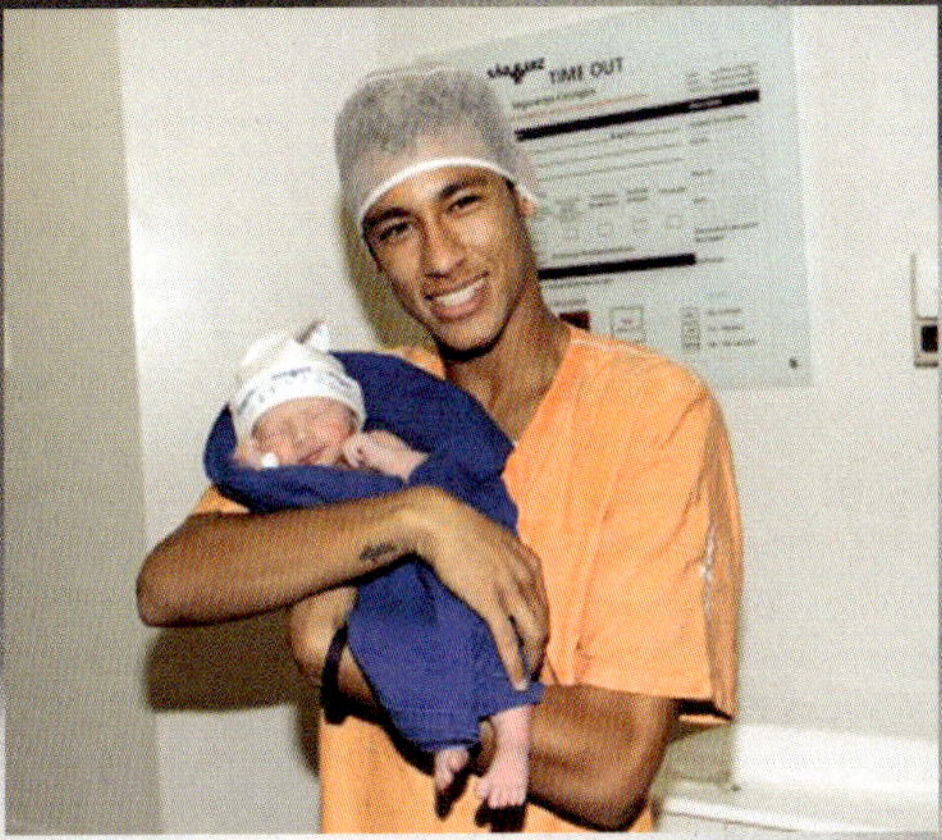

Getty Images

At Camp Nou Stadium on June 3, 2013 in Barcelona, Spain

もしも君が何かの夢を持っているなら
その夢をとことん持ち続けるべきだ——。

Getty Images

NEYMAR JR
QATAR
AIRWAYS

QATAR
AIRWAYS

FCB
QATAR
AIRWAYS
Getty Images

Keita Yasukawa

Keita Yasukawa

僕はサッカーを思い切り楽しみたい、
歓びを感じながらプレーをし続けたい――。

Getty Images

Keita Yasukawa

ネイマール

父の教え、僕の生きかた

ネイマール
ネイマール・ジュニア
マウロ・ベティング／イヴァン・モレー著
竹澤 哲訳

装丁
須永 英司 & 大杉 学(3.14CREATIVE)

写真
安川 啓太
AFLO(カバー表1)
Getty Images

編集
苅部 達矢

プロローグ

　私がネイマール・ジュニアを知ったのは、彼がトップチームにデビューしてから少し経った頃だ。当時のサントスFCは、ヴァンデルレイ・ルシェンブルゴ監督が指揮していた。その日の記憶は今も鮮明だ。パルメイラス対サントスFC、本拠地であるヴィラ・ベルミーロで行われた試合だった。ネイマール・ジュニアが左足で決勝点を挙げ、2対1でホームのサントスが勝利した。

　試合の後半、ネイマール・ジュニアは交代を告げられた。私は監督に許可をとり、リザーブの選手が座っているベンチに行き、ネイマール・ジュニアの横に座った。そして、彼に「左足のスパイクを脱いでみてくれないか」と頼んだ。ネイマール・ジュニアは突然の提案にとても驚いた表情をしていたが、快く私の願いを聞いてくれた。彼のそうした律儀な反応が、私の中で、彼のことを書いてみたい、という興味を大いに膨らませた。

　その出会い以来、彼とは急速に親しくなっていった。むろん、私は、彼がサントス期待の選手であることを十分理解していたし、大きなリスペクトを持って接してきた。その甲斐あってか、サントスに入団してすぐの彼について、記事を書く機会に恵まれることになった。

上昇気流に乗った少年はとても強い輝きを放っていた。ネイマールが、同じ名前を持つ父・ネイマールとの非常に密接な関係によって成長してきたことは、サッカー関係者の誰もが知るところだが、彼の存在感はけっして父親の陰に隠れてしまうことはない。その父親に関しても、私は強い興味を持った。

父として家族を養っていく義務、自身もかつてサッカー選手であったが怪我のために引退した挫折……そうした複雑な思いを抱えながら、彼は常に人生の新たな局面に挑戦し続けてきた。父親の来歴を知ることによって、様々なストーリーが浮かび上がってくるのではないか。ネイマール・ジュニアの宝石のような輝かしいキャリアは、けっして偶然に生まれたものではないことが、父親の半生からも証明できるはずだ――。

本書のメインテーマは、ネイマール・ジュニアの成功の物語がいかにして生まれたのかを示すことにある。極めてエキゾチックなヘアスタイルをした若者は、なぜブラジルスポーツ界最大のアイドルとなりえたのか？　その豊富な才能は、いったいどうやって培《つちか》われたのか？　あの華奢《きゃしゃ》な肉体のどこに大きなエネルギーが内包されているのか？

こうした疑問を解くために、私は、父と息子の証言を混ぜ合わせることを考えた。彼らがこれまで過ごしてきた、完璧と言っていい「共同生活」。それが世界的な成功をもたらしたことは明らかだ。２人の生き方や考え方が、それぞれにどんな影響を及ぼしているのか。そのためには父と息子が互いに持っていた役割を理解することが必要だと思ったのだ。ネイマール・ジュニアの才能は特別なものだ。しかし、それを引き出すための正しい導きがなければ、様々な思惑が交錯するフットボール界の波の中では、その才能も消されてしまっていたかもしれない。その導きをしたのが、まさに父・ネイマールである。本書に記された「父と子の対話」から、読者はネイマール・ジュニアという名の天才が、いかにして生まれたかを理解することになるだろう。

イヴァン・モレー（ジャーナリスト）

＊

ネイマール・ジュニアへ――。

君がリベルタドーレス杯で優勝した、その翌日、私の父であるジョエウミール・ベティング（当時、テレビ番組「ジョルナル・ダ・バンダ」で司会をしていた）は、すっかり薄くなってしまった柔毛を濡らして、半ば無理やりに、君と同じモヒカンスタイルにしたものだ。そのヘアースタイルのまま、テレビにも出ていたと思う。父はもともとサントスFCではなくパルメイラスのファンだったのに……。

父は私にとっては最高の存在だった。そして彼は、彼と同じジャーナリストを志した息子（私のことだが）より、ずっと優れたジャーナリストでもあった。

父は君のことが大好きだった。２０１２年11月、彼は天に召されてしまったが、父がどれくらい幸せな気持ちで天国にいるのか、私には想像できる。それは彼の旅立ちから３日後、サントスＦＣのホーム、ヴィラ・ベルミーロでのことだ。父を表彰する楯を、君から私が受け取った時、きっと父はその様子を天国から見ていたと今も思っている。父はフットボールをとても深く愛していた。そして、特に君のプレーに惚れ込んでいた。君は２０１３年７月１日、マラカナンスタジアムで行われたコンフェデレーションズ杯の決勝戦を戦ったけれど、それはちょうど私の父が、ペレが１９６１年に「フルミネンセ」相手に天才的なゴールを決めたことを表彰する楯を贈ってから52年後のことだった。

ヴィラ・ベルミーロでネイマール・ジュニアが私に何を話してくれたのか、今となっては思い出すことはできない。君がピッチの上で私の父を祝した楯を手渡してくれた時に、私自身が何と言ったのかも覚えてはいない。ただ、あの時ほど感激したことはなかったし、父の代わりに君から楯を受け取ったことを私は誇りに思った。この思いは生涯、けっして忘れることはないだろう。

今日、君はブラジル、あるいは世界を代表する「クラッキ（天才的プレーヤー）」となった。父・ネイマールが、最高のプレーを目の前で見せてくれる君のような息子を持ったことをどう感じているのか、私には自分のことのように想像できる。さらに、君の息子がクラッキである父親（君のことだ）を持って、どのような気持ちであるのかも思い浮かべることができる。私は君たち親子とは別の分野ではあるけれど、父と息子の素敵な関係を経験することができた。私の両親もそうだっただろうし、私が息子たちに思うことも同じ、我が子の存在は親にとってまさにすべてであり、唯一の存在なのだ。

今回、私は本書をつくることができたこと、何より、現在最高峰のクラッキを間近で観察できたことに大きな名誉を感じている。その気持ちは共にそれに携わったイヴァン・モレーも同じだ。彼の友人であるマルシア・バチスタも、本書のような特別プロジェクトが実行できたことを祝福している。

自分の家族以上に優れたチームは存在しない。それはフットボールにおいても言えることだ。特にネイマール父子のような関係は、けっして多くはないだろう。

ネイマール・ジュニアはサントスＦＣの魂なのだ。

アーメン。

マウロ・ベティング（スポーツジャーナリスト）

目次

第2章　あこがれのサントスFCで

第3章　スターへの道

第5章　ブラジルW杯とリオ五輪

第1章
ブラジルに生まれて

1 生まれてきてくれた息子へ

ネイマール・ジュニアは、亡き祖父の思いと共にピッチに立っている

ネイマール・ダ・シウヴァ・サントス——私の名前だ。「ダ・シウヴァ」という姓は前大統領（ルーラ・ダ・シウヴァ）も同姓であり、母国ブラジルにおいては、比較的ポピュラーである。だが、「ネイマール」という名はあまりみかけない。むしろ少数派の名と言えるだろう。それが今では誰もが知るところとなったのは、22年前にこの世に生を授かり、私にとって特別な存在となった息子・ネイマール・ジュニアの活躍によるものだ。

また、もう1つの姓である「サントス」についても、私は特別な思いを持っている。これは恐らく多くのブラジル人にとって共通の感情だろう。「サントス・フットボール・クラブ（以下、サントスFC[*1]）」。キングと称されたペレ[*2]という世紀の「クラッキ（天才的プレーヤー）」がプレーした、ブラジルを代表する名門クラブだ。このクラブ名と同じ姓を持つことは、私にとって誇りでもある。

私の父・イルゼマールもサントスを愛していた。母もそうだ。両親はエスピリット・サント州の出身だった。この地域の出身者をブラジルでは「カピシャーバ」と呼ぶ。カピシャーバとはブラジルの先住民族が使っていた言葉で「トウモロコシ農園」を意味する。ポルトガル人がエスピリット・サント州に入植を進める時に「カピシャーバの地」とも呼んだことから、そう言われるようになったのだ。そのフロンティアスピリッツの象徴として、私の父も母もカピシャーバと呼ばれることをとても誇りに感じていた。にもかかわらず、まるでヴィラ・ベルミーロ（サントスFC本拠地）で生まれ育ったかのように熱心なサンチスタ（サントスFCのファン）だった。

これは私自身、さらには私の兄弟も同様だ。バイシャーダの生まれだが、皆、サントスの町で生まれたと思っている。その中でも、イルゼマールほど熱心なサンチスタは他にはいないだろう。

そんな私たち家族にとって、ジュニーニョ（ネイマール・ジュニアの呼称）がサントスFCで勝者となったことは、このうえない歓びであり、とてつもない偉業であった。

残念ながら、父は孫がプロとしてプレーする姿を見届けることはできなかった。ネイマール・ジュニアがサントスでデビューする約1年前の2008年5月、他界してしまったからだ。しかし、イルゼマールの思いは我が息子の中で生き続けている。クラブに対するリスペクトと親愛。ネイマール・ジュニアは常にその思いと共にピッチに立っている。

ジュニーニョのこれまで歩んできた人生は、まるで「フェスタ（お祭り）」のようだ。気ままに生きているという意味ではなく、歓びで満ちた人生を送っているということだ。彼が愛するものすべてが、サッカープレーヤーという彼の職業には存在している。1つのグラウンドと2本のゴールポストと1個のサッカーボール。それさえあれば、ジュニーニョはすべての歓びを享受することができるのだ。

彼には明らかに神から授かった天賦の才があった。そして、彼はいつもその才能を、おごることなく磨いてきた。私たち家族をはじめとする、ネイマール・ジュニアの活躍を信じている人々から大きな期待をかけられていることも、彼は十分に理解していたのだ。

プロスポーツ選手は誰もが、現実に起きていることがまるで実在していないかのような感覚に陥ることがある。プロになるまでの道程があまりにも険しかったためなのかもしれないが、彼らは少しでも頂点に留まりたいという意識を常に持っている。選手として、あるいは一人の男として、最高の時期に達した時というのは、より強い責任感を求められるものだ。そのためには、頂点にある自身の能力を維持していくことが不可欠であり、それには想像を絶する努力と犠牲を強いられることになる。

プレーヤーの絶頂期はけっして長くはない。期間に個人差はあるだろうが、必ず終わりはやってくるものだ。サッカーで言うならば、屈強な敵ＤＦが待ち構える中をドリブルで突破していくことは、まさに命がけの覚悟を要する。だが、そうした命がけのプレーを、いったい何歳までできるだろう。プレーヤーは己の肉体と精神に限界が来るまで戦い続けるが、そのタイムリミットは誰にもわからない。それは神のみぞ知る。この素晴らしい時間を大いに尊重すべきだ。ジュニーニョもそれを深く理解している。

プロとして生計を立てていくということ

ここで少し私自身と私の家族のことをお話ししておきたい。ネイマール・ジュニアの半生が、けっして幸福のみに満ちたものでないことを知っていただくためだ。

ジュニーニョのような天賦の才こそ持ちえなかったが、私もかつてプロのサッカー選手としてプレーしていた。14～16歳の頃には我が心のクラブ、サントスＦＣの下部組織に所属していたこともあった。その後、バイシャーダ・サンティスタ地区にある「ポルトゥゲーザ・サンティスタ」[*3]でプレーし、サンパウロ州「ブリオザ」でプロとして契約を結ぶことができた。その後、サンパウロ州内陸部にあるクラブ「タナビ」に行き、そこからミナスジェライス州3部の「イトゥラマ」へ移った。

順調にキャリアを重ねていった私だったが、20歳頃だっただろうか、大きな挫折を味わうことになる。重症の結核を患ってしまい、1年間プレーができない状態になってしまったのだ。選手としての頂点に向けて伸び盛りであった時期に一線から離脱しなければいけないことは、計り知れないダメージとなった。私はプロとして続けていくことを断念し、工場を営む父の下で働く道を選んだのだった。工場では持ち込まれた車を修理したり、修理後に車を販売することなどで、それなりの収入があった。プロスポーツの世界とは異なる、堅実な仕事とも言えるだろう。父・イルゼマールは、私がこの仕事を続けていくことを望み、プロ選手として活動を再開することには反対だった。

しかし、働き始めてしばらくすると、「ジャバクアラ」からオファーをもらった。ジャバクアラはサントスの下町・ジャバクアラ地区にある1914年創立の歴史あるクラブだ。私にこのオファーを拒む理由はない。だが、父は私が堅実な仕事を離れ、この先、幸運に恵まれるかどうかもわからない不安定な選手生活に再び飛び込むことを非常に危惧した。ジュニーニョに対して私が持っている感情と同じものを、父も私に対して持っているのだ。再びピッチの上でボールを追いかけたい。私にとってサッカーは単にお金を得る仕事とは比べることのできない歓びがあるのだ――。そうした私の考えを父は渋々ながら認めてくれ、私の生活には再びプロのサッカー選手としての時間がやってきたのだった。

しかしながら、工場での仕事を完全にやめてしまうことができない事情もあり、平日は車の修理を行い、週末はジャバクアラのために戦うという生活サイクルとなった。ただし、給料が派生しないという条件だった。

ジャバクアラでの記憶としては、良い思い出として4つの試合が思い浮かぶ。その中でもサンパウロ州3部だった「ウニオン・デ・モジ・ダス・クルーゼス」との試合は、その後の私のプレーヤーとしての飛躍のきっかけとなったものでもあり、印象が深い。ジャバクアラは当時、州4部だったので、ウニオン・デ・モジのほうが上のクラブだ。「格上相手に一泡ふかしてやろう！」と私の闘志はかき立てられた。結果、私はその試合を決定づけるプレーをして、ジャバクアラの勝利に貢献できた。

その活躍に注目してくれた人物がいた。当日の審判を務めていた名物レフェリーのドゥルシジオ・ワンデレイ・ボスシリアだった。彼は「私はサンパウロFCのファンだが、ピッチ上では公正なレフェリーだ」と公言するなど、様々な発言で物議を醸した人物で、1988年に引退するまで50年間もレフェリーを務めたブラジルサッカー界の重鎮だ。そんな彼が敵チームであるウニオン・デ・モジの幹部に私のことを勧めてくれた。さらに幸運は重なり、ウニオン・デ・モジのほうも、それを受け入れてくれたのだ。

プロとして再び脚光が当たる場所に立つことができる。私は真っ先に父にこの吉報を伝えたのだが、父の反応は私の想像とはまったく異なり、喜ぶでもなく褒《ほ》めるでもなかった。父は相変わらずサッカーを職業として考えることができなかった。彼が続けていた工場での仕事こそ、彼にとっては安定した「プロフェッショナル」な仕事だったのだ。

私はモジに赴《おもむ》き、クラブの首脳陣と話し合いを持った。しかし、彼らは話す時間すら惜しんで、すぐ私に主力メンバーの中に入って練習をするようにと命じたのだった。

チームは、モジ・ダス・クルーゼス市のすぐ近くの隣町、スザーノで試合の準備をしていた。初めてクラブに合流した私は、練習とはいえ初日から素晴らしいプレーを連発した。けっして大げさではなく、右ウイングのポジションで私本来のプレーが存分にできた。ゴールライン際までドリブルで切り込んでいき、何度もチャンスメイクをしてチームの攻撃システムに大きく貢献することができたのだ。

練習が終わって市内に戻り、そこで初めてクラブの会長と話すことになった。前に述べたとおり、ジャバクアラでは私は給料を受け取っていなかったため、ウニオンから与えられるお金は、たとえ金額が低いものであっても大歓迎だった。会長が提示した金額は、私が想像していた額をはるかに上回っていた。天にも昇るような気持ちとはこういうことを言うのだろう。しかし、漏れそうになる思いを押し殺し、私は努めて冷静に対応し、すぐにサインをすることはせずに一拍おいてみた。金額はさらに上げられた。会長は私がそれでも不満に感じていると思ったのだろう。結局、提示額が倍になった2度目の交渉で、私は契約書にサインをした。契約期間は1989年3～12月まで。その際も「まだ満足しているわけじゃないんだ」という表情を懸命につくっていたことをよく覚えている。この交渉から私は、ビジネスにおける様々なことを学んだと思っている。

夢を諦めたかわりに、私は2つの宝石を得た

1989年のシーズンは、サンパウロ州3部リーグにおいて、納得のいくプレーと結果を残すことができた。その活躍が今度は、2部に属する「リオ・ブランコ・ジ・アメリカ」の目に触れ、私に関心を寄せてきたのである。そこで1989年12月、モジの幹部10人が会合を開き、対応を協議した。結果、クラブは私の残留を望み、再び私はその対価として、ウニオン・デ・モジからまとまったお金をもらうことになった。私は生まれて初め

て、収入的に豊かになった、と思うことができた。その時に得たお金で、私はバイシャーダ・サンティスタ地区に、父のために小さな家を購入した。私と私の兄弟を育ててくれた両親への感謝の気持ちとしてだ。ようやくかなった贈り物に、私はこれまでの人生で感じたことがないほどの幸福感を味わった。

ウニオン・デ・モジに残ったことで、私は半年間、サンパウロ州選手権を争うための試合に出場した。しかし、残りのシーズンは、プロとしての活動がほとんどできずに終わってしまった。私はレンタル移籍の対象となり、複数のクラブを渡り歩くことになった。パラナ州にある「コリチバ」、サンパウロ州の「レメンセ」や「カタンドゥヴェンセ」といったクラブでプレーしたが、最終的にウニオン・デ・モジに戻ってきた。

私はクラッキではなかった。ボールコントロールも悪くはなかったし、戦況を見極める目も持っていたと自負しているが、神から与えられた才能はなかったのだ。

想像していたように物事が進むとは限らないものだ。頭で考えているとおりには体は動いてくれない。仮に私がクラッキであったならば、たいていのプレーは頭で思い描いたとおり、鍛え上げた肉体を意のままに動かすことができただろう。

才能の限界を痛感させられたうえに、私の成功を妨げたのは怪我だった。詳しくは後述するが、その怪我はかつて患った結核以上に私の選手生命を著しく縮めるほど重度なものとなった。クラブへの、そしてサッカーへの愛情は誰にも負けないくらい深いものを抱いていたが、熱意だけではプロのプレーヤーは務まらない。

一線で活躍できなくなったプレーヤーにクラブは厳しい対応を迫ってくる。ウニオン・デ・モジが私に提示した条件は極めて低いものだった。私はけっして若い選手ではないうえに、1992年にジュニーニョが生まれてからは、一家の大黒柱としての責任は増す一方だった。その4年後の3月11日には、娘のラファエラが誕生していた。ジュニーニョとラファエラを育てることが、私にとっての大命題である。クラブを渡り歩き、街から街を転々とする生活はいよいよ難しくなっていた。クラブを移るたびに息子や娘は転校を強いられてしまう。学校を移る費用以上に、落ち着いて一つの場所で育つことができないことは、子どもたちにとって明らかにマイナスだ。しかも、それらのクラブで得ることのできる収入は、残念ながら、妻のナジーネが家計をやりくりするには十分ではなかったのだ。

もはやサッカーを続けていくことが可能な状況ではなかった。

最盛期のプレーができなくなっていく中、私はさらに肉体を酷使することを余儀なくされていった。だが、日々の練習には耐えられても、試合になると痛みが現れ、それをごまかすことはできなくなっていった。私の体は悲鳴を上げていた。練習を少しセーブすれば痛みを抑えることはできても、今度は、試合で技術的にも戦術的にも満足なプレーができなくなってしまう。クラブの首脳陣は私が「手を抜いて投げやりになっている」と感じていたかもしれないが、けっしてそうではなかったのだ。

クラブとの契約期間はますます縮小されていき、給料も減額されていった。再びプロ選手の不安定さばかりが目立つ生活となっていった。今度、怪我をして試合に出られなくなれば、すぐに契約解除ができるという条件も加えられることになった。

痛みはけっして恒常的なものではなかったものの、家でしっかりと治療をして、クラブには気づかれないようにしなければならなかった。しかし、肉体の衰えはもはや隠すことのできるレベルではなくなっていた。これ以上、雇い主をごまかすことは不可能だ……。

サッカー選手として活躍することは私の子どもの頃からの夢だった。夢を諦めるのは非常に辛いが、私は成長した一人の大人の男であり、家族を養っていくという重責を担っている。当時32歳だった私は夢ではなく家族を選んだ。プロ選手としての栄光を得ることはできなくなったが、おかげで私は2つの宝石と向き合う時間を手にすることができた。私の夢をはるかに超えていく可能性を秘めたジュニーニョとラファエラ、2人の子どもたちのことである。

2 育ててくれた父さんへ

僕が成し遂げてきたすべてのものは、父さんのおかげだ

今の僕があるのは、すべて両親と神のおかげだ。

とても幸せなことに、僕の父さんは父親以上の存在だ。いつも僕のそばにいて、僕にとってはすべての判断基準の中心であって、また最高の友でもある。父さんはいつも厳しいことを僕に言うけれど、それはすべて僕のためを思ってのこと。そして、家族のためを思ってのことだと理解している。

息子にとって、父親の存在とはすべてだ。それは僕にとっても例外なく当てはまっている。

父さんはいつも家族にとって何が良いことなのかを考えてくれる。僕は父さんから忠告を与えてもらい、そこから多くのことを学んできた。父さんは人生における師であり、そのような父を持てたことを僕は誇りに思っているんだ。

サッカーにおいても、父さんは僕をどんどん大きく成長させてくれた。今なら、プレーにおいて何が正しいのか、何が間違いなのかをすぐに理解することができる。時に人は、経験の無さから過《あやま》ちを犯してしまうものだ。父さんは僕のそんな部分を察知し、すぐに修正してくれる。あるいは未然に防ごうと助けてくれる。父さんはプロ選手にとって不可欠な代理人であり、アドバイザー以上の存在でもある。

僕が成し遂げてきたすべてのものは、父さんのおかげだと思っている。

こんな時、父さんならどうするんだろうと考える

僕はこれからもたくさんのことを学ばなければいけない。まだまだガキだし、わかっていないところもたくさんある。でも、父さんを手本にすれば迷うことなんかない。ピッチの上だけじゃなくて、それ以外においても。僕はいつも父さんがやること、言うことを、すべて生活のうえに映し出すようにしている。

そして、いつもこう考えるんだ。

「こんな時、父さんならばどうするんだろう？」

そう考えることで、僕はずいぶんと助けられてきた。父さんは僕にインスピレーションを与えてくれる。往年の名選手や、僕が憧れているクラッキたちも、ピッチ上で大きなインスピレーションを与えてくれる存在だ。父さんはいつも、

「経験ある選手から学ぶんだ」

と教えてくれる。だから、僕はいつもメッシ[*4]やクリスティアーノ・ロナウド[*5]のことを注目してきた。そしてまた、ロナウド[*6]、ロビーニョ[*7]、リヴァウド[*8]、ロマーリオ[*9]といったブラジル人のクラッキたちのプレーを真似《まね》て自分のものにしようとしてきたんだ。


僕は自分が大勢のサッカーファンから注目されていることを、自覚しているつもりだ。だから、グラウンドの中に限らず、外での行動にも気をつけている。多くの子どもたちが憧れの目で僕を見ていることもわかっている。すべての行動に責任感を持ってあたらなければダメなんだ。

でも、それは特別難しいことじゃない。だって、自分の好きなことをやっているんだから。僕は自分の心の声に対して素直に行動することにこだわっている。あえて気取るようなことはしないし、わざと話題づくりのために何かをすることもしない。マーケティング

を意識することもないし、誰かの良い手本になれるようにと変に意識したりすることもしない。ただ、僕自身が「本物」になりたいと思っているだけなんだ。

ファッションに対するこだわりは自分でも強いほうだと思う。流行を取り入れて自分流にアレンジしたお気に入りの服やシューズ、帽子、ピアスといったものを常に身に着けている。ヘアースタイルも奇抜だってよく言われるけど、それも個性の一つだし、僕と同じ年代の男はみんなそうじゃないかな？　特に誰かに迷惑をかけるものでもない。外見から「軽いヤツだ」なんていうふうに見ている人もいるかもしれないけれど、僕は両足を、いつだって地面にしっかりとつけているつもりだ。

僕にとって父さんは、最も優れた、そして最も厳しい批判者だ

僕に対する批判がメディアに載ったりすることもあるけど、僕は落ち着いてそれらを受けとめられる。怒りも感じない。もっと向上していかなければいけないってことは自分がいちばんよくわかっているし、まだまだ多くのことを学ばなければいけないのも事実。批判には建設的なものもあるし、一方的で過度な要求の場合だってある。それを区別できる

ようになったことは大きい。

それに、批判する人間にしたって、いつも批判したいっていうわけじゃない。批判の理由を理解したうえで、僕は辛抱強くならなければいけないし、それを乗り越えなきゃいけないと思っている。そして何よりもしなくちゃならないことは、その批判を次の試合のプレーで覆すってことだ。


誠実な友がいることはとても心強い。それも同じ家の中にいるとなるとそれは格別だ。

家に帰ると僕はいつもその「友」にこう尋ねる。

「父さん、今日のプレーはどうだった？」

すると父さんは、良いプレーの時はいいが、悪い時はけっして僕を許してくれない。

「いいか、おまえの今日のあのプレーは間違いだ。あれはやっちゃいけない。でも、次からはそれを意識すれば、おまえはさらに進化できる」

僕にとって父さんは、最も優れた、そして最も厳しい批判者だ。鍵を握っているのは、父さんとの会話なんだ。

試合後、父さんは僕のプレーを録画して、それを何度も見せてくれる。すべて独自に編集したものだ。さらに磨きをかけられる環境をつくるために、データを詳細に分析してくれる。僕が良いプレーをしたところや、ミスをしたところについても、振り返って会話をする。

父さんは、僕のすべてを僕以上に理解している。なぜそのミスは生まれてしまったのか、なぜチャンスをものにできなかったのか、すべての理由を把握している。父さんとのコミュニケーションは最高にためになるサッカーの授業だ。

僕は父さんと同じように、負けるのが大嫌いだ。僕の辞書には負けるという言葉は載っていない。僕は全力を尽くして、サポーターに喜んでもらおうとプレーしている。必ず僕は自分の責任を負うし、逃げも隠れもしない。ボールを求めてプレーするだけだ。

シュートを失敗して得点を逃すとか、チャンスを無駄にしてしまうなんてことも絶対に嫌だ。だから、それができなかった時には自分自身を責めることもある。でも、失敗の経験によって人は前に進むことができる。

僕はストリートでやっていたようなプレーを、ピッチ上でもやろうとしている。その時と同じ気持ちで、同じ歓びを感じながらプレーしているんだ。

3 私たち家族を襲った予期せぬ大事故

出生届提出直前に決まった息子の名前

けっして忘れることはないだろう、ジュニーニョが初めて私たちのもとにやってきた1992年2月5日のことを。

その日はたまたま夫婦そろって家にいた。妻のナジーネは臨月に入り、いつ生まれてもおかしくはない状況だった。ナジーネが急に産気づき、私たちは産婦人科に急行した。すべては神のおかげだったと確信しているが、病院での妻の様子は極めて順調で、それから数時間後、一人の男の子が生まれてきた。私はこの時を境にジュニーニョの父親になった。

男の子でも女の子でも感謝と共に授かるつもりでいたが、そもそも当時の私たち夫婦には、出産前に産婦人科で超音波による性別識別検査をする経済的な余裕さえなかった。生まれてくるまでは息子なのか娘なのか、まったくわからなかった。

だから、どんな名前にするかという準備もまったくしていなかった。男の子だとわかって以降、いくつか夫婦で考えてみたが、候補として挙がっていたのは、妻が考えた「マテウス」だった。しかし、私たちは即決することを躊躇《ちゅうちょ》した。迷いに迷った挙句、1週間も時間をかけてしまった。つまり、ジュニーニョは生まれてから1週間も、「名無しのジョン」だったのである。

振り返ってみれば、このようなことはたびたびあった。私は決断を迫られることに弱い。何かを決める際に、いたずらに長く時間を費やしてしまうのだ。期限がギリギリに迫ったところでようやく……という格好だ。その分、一度決めたら絶対に訂正はしないという性分ではあるのだが。

ジュニーニョの名前を届け出に行った時、やはりマテウスにすると決めていたが、この時だけは迷いを消し去ることはできず、急きょ、届けを出す直前に変更することにした。

そうだ、私と同じ「ネイマール」にしよう――。

こうして、父親と同じ名前のネイマール・ジュニアは誕生したのだ。

ナジーネと私は、当時の私の所属クラブであったウニオン・デ・モジに借りてもらったモジ・ダス・クルーゼス市ホデイオ地区にあるアパートメントで新しい命を迎えた。今でこそしなやかな肉体を持つサッカー選手となったジュニーニョだが、生まれたばかりの時は今にも壊れてしまいそうなくらいの小ささで、胸に抱くこともおっかなびっくりだった。私はそれが少々過剰だったのか、抱っこの仕方はもちろん、恥ずかしながら誰かの手助けがないとちょっとした世話さえできなかったのだ。

しかし、それも不慣れなだけに過ぎなかった。私にとって初めての子どもであるジュニーニョ。同じ名前を持つ最愛の息子を胸に抱く歓びを、私はすぐに自分のものとすることができた。誰かが息子を抱いていたりすると、まだ抱っこしているのか、長くないか、と嫉妬してしまうくらいに。それほど彼の存在は私の中で大きなものとなっていった。

家族３人を乗せた車は、断崖絶壁で宙づりになっていた

誕生から４カ月たった６月のことだ。あの忌まわしい出来事が私たち家族を襲うことになるとは想像することもできなかった。

その日、私たち夫婦は、幼いジュニーニョを連れてモジ・ダス・クルーゼスからバイシャーダ・サンチスタにある両親の家を訪ねるために、車を走らせていた。私はウニオンでの試合後そのまま、当時乗っていた赤い色の車に、私が運転席で助手席に妻、そして、息

子は後部座席のベビーベッドに横になっていた。

両親の家に向かうには山道を越えて行かなければならない。山道は上下線共に一車線ずつしかない細い道だ。しかも、その日は運悪く雨が降っていた。

すると、前方からこちらに向かって山道を下ってくる一台の車が見えた。私はすれ違いを想定して、スピードを落として車を外側に寄せた。ギアは5速に入っていたが（今から思えば、ギアを1速落としてスピードを上げていれば避けられたのかもしれない）、ところが対向車は私が取った行動とは真逆に、道路の内側、つまり対向車線にいる我々の車側に向かって迫り、あろうことか、そのまま私たちの車のドアに激突したのである。

衝突の勢いで、私の左脚は右脚の上に不自然なかたちに重なってしまっていた。恥骨、骨盤、体のすべてがバラバラに引き裂かれたかのような強烈な痛みが走る。助からない……絶望した私は妻に向かってこう叫んだ。

「私はもうダメだ……ダメだ！」

この恐ろしい時間は数秒のことのようだった。まるで一部始終をどこか別のところから見ていたような気もしたが、次々と押し寄せてくる恐れと痛みが視界を消し去り、まったく何も把握できない状態になってしまった。そして唐突に気づいたことがあり、あまりのショックに絶叫していたのだ。

「ジュニーニョはどこだ!?　どこにいるんだ!?」

しかし、私も妻もジュニーニョを見つけることはできなかった。姿を消してしまったのだ。後ろの席にあったベビーベッドはもぬけの殻。前の席に投げ出されてしまったのかと思い、事故の衝撃で壊されてしまった運転席と助手席も探したのだが、見つからない。衝突のショックで息子は車外に放り出されたのだ……。ジュニーニョは生後４カ月の赤ん坊だ。事故の衝撃に耐えるには、あまりにも小さ過ぎる。この悲劇に直面した私の思いは、これ以上何も言うことはできない。思い出しただけで今も身震いがする。

妻と私は、息子を失ってしまったのだと思った。私は耐えられない骨盤の激痛と、計り知れない絶望感の中で、いっそ私をジュニーニョのもとへ連れていって欲しい、と祈った。

私の人生にとって最大の悲しみは、子どもを失うことだ。鉄の塊と化した車の中で私は悲嘆に暮れていた。ぐしゃりと潰れた車は、断崖絶壁の途中にあった。真下には川が流れている。つまり、私たちは崖の上で宙づりの状態になっていたのだ。妻は助手席側のドアが開けられず、やっとのことで、後部の窓から外に出ることができた。私は依然、シートベルトで縛りつけられたまま。そして、行方知れずとなったままのジュニーニョ……。

しかし、神を信ずるものは救われる。

通りかかった人や近所の人たちが私たちを助けにきてくれた。そして、なんと、ジュニーニョを見つけ、助け出してくれたのだ。息子は後部座席の足元に潜り込んでしまっていた。そのため、いくら探しても見つからなかったのだ。車の外に放り出されていたら、間違いなく崖下の川に投げ出されていたであろう。神よ、私たちを助けて下さったのか！

救い出された時、息子は全身血まみれだった。すぐに病院へ運ばれ、ジュニーニョの姿を私が再び見ることができたのは、ずいぶんと時間が経ってからだった。息子と妻に再会した時、息子はすでに血の跡もぬぐわれ、額には包帯が巻かれていた。車のガラスの破片が頭に刺さるなど小さな傷は負っていたが、致命的な怪我ではなかった。

怪我の度合いで言えば、深刻なのは私だった、不自然な格好にねじまがった両脚は、骨盤の脱臼という重症を引き起こしていた。この部位には通常のギプスをはめることができず、ドクターはベルトを組み合わせた器具をオリジナルで作製し、患部を固定してくれた。その器具のおかげで、なんとか起き上がることができたのだが、私は10日間の入院を余儀なくされ、さらにその後の4カ月間は自宅で寝た切りの状態で療養しなければならなくなった。ジュニーニョはその器具をとても怖がり、そこにつながれたままの私を見るたびに泣いていた。いかつい器具自体の恐ろしさもあったのだろうが、それからしばらくの間、ジュニーニョは私に近寄ろうとしなくなった。

ジュニーニョを膝の上に抱っこできるようになったのは、事故から8カ月が過ぎてからだった。もう私を見ても泣かなくなった彼は1歳になろうとしていた。息子に触れることができない歯がゆさは、とても奇妙で悲しいものだった。妻の手伝いも、子どもの世話もまったくできない。身動き一つできず、座ることもままならず、眠りにつくこともなかなかできない。妻と子どもが寝静まる頃になってようやく睡魔が訪れる。肉体的、そして精神的な両方の苦痛により、毎晩のように涙で枕を濡らしていたものだ。当時、まだ現役のサッカー選手であった自分が、このような状態で将来の選手生活を考えねばならない。それはとてつもなく恐ろしいことだった……。

すべての出来事には、幸せになるための意味がある

おそらくこのような経験を得たのは、ネイマール・ジュニアの将来に対し、準備をするためのものだったのではないかと私は考えている。この事故によって心底苦しんだことにむしろ感謝する思いすらあるのだ。信仰を持ち、想像を絶する苦痛にも耐えることができた。今となっては、私の人生に必要な苦しみを与えて下さった神に感謝したい。万が一、

大怪我をしたのが息子で、私がかすり傷程度で済んでいたとしたら、どうだったか。息子に私同様の苦しみが与えられ、それを無事だった私が見ている。そんなことになるくらいなら現状のように私自身が痛みを負ったほうがはるかにましだ。

自分自身に誇りを感じることができるのは、私や妻、ネイマール・ジュニアと娘のラファエラの身に起こることを、すべてポジティブに考えられることだ。もしもこのような事故を再び経験するようなことがあったとしても、私の考え方は変わらない。人生に起こることのすべてを歓迎し、感謝することだろう。

すべては神のおぼしめしである。あの日、神は私たちを助けてくれた。私たちの息子は、あれほどの大事故に遭遇したにもかかわらず、命を救われた。ジュニーニョは事故からしばらくして、こんな言葉をよく口にするようになったものだ。

「神はあの日、僕たちを照らして下さったんだ。あの日以前も、あの日以降も、きっと同じように照らして下さっているんだよ――」

4　サッカーとの出会い

偶然の出会いが、僕のサッカー人生のキックオフになった

僕にサッカーの存在を知らせてくれたのは、まぎれもなく父さんだ。僕は父さんが出ている試合をよく観に行った。それがきっかけで、僕もサッカーを始めるようになったんだ。ただ、サッカーをしてボールを追っかけていたわけじゃなかった。当時の僕にとってのサッカーボールは、他のおもちゃとまったく変わらないものだったから。

父さんはピッチの上で一生懸命にプレーをしていた。でも、僕は試合を観に行っても、ほとんど観客席を走り回っていた。つまり、単にふざけて遊んでいただけ。ピッチ上にいる父さんよりも、僕のほうが多く走っていたんじゃないかと思う（笑）。それこそ観客席の上から下へ、通路の階段を走り回っていたんだ。

ある日、僕はいつものように、ボールを蹴るんじゃなくて、ただただ走り回っていた。

そこに、ロビーニョを見出し、世に送り出した名コーチ、ベッチーニョが偶然現れた。そんな彼が僕の走っている様子を一目見て気にいったそうだ。走り姿だけで「将来、プロ選手としてやっていける」と判断したんだ。けれども、その時の僕はプロになれるなんて、まったく考えていなかった。だって、子どもだったからね。

ベッチーニョはその場で「あの子の親はいるかね？」と周囲に聞いて回り、父さんを見つけ出してその場で話し合った。彼は「自分のチームの練習にあなたの息子さんを参加させたい」と話したそうだ。

それが僕のサッカー人生のキックオフ、すべての始まりになったんだ。

経験という財産を持った人生の先輩たちから学ぶことは大きい

ベッチーニョのような名コーチと偶然出会えたことは、僕にとって非常に素晴らしいことだったと思っている。最初から僕をよくしつけ、助けてくれたし、彼と父さんが僕を正しい方向へと導いてくれたんだと今も思っている。そのおかげで今日のような僕になれたと言っても言い過ぎじゃない。

たとえ才能があっても、それをしっかりと導いてくれる存在がなければ、正しい結果はもたらされない。よく言われることだけど、そのとおりだと思う。潜在能力がいくらあっても大成しなかった選手はたくさんいる。なぜなら、彼らには才能を開花させるために導く者がいなかったからだ。

僕には身近に父さんというマエストロが、しかも同じ屋根の下にいた。これはとても幸せなことだと思う。そして、偶然出会ったベッチーニョのような先生がいたからこそ、僕の才能を見つけ、良い部分を伸ばし、さらに欠点を修正してもらえた。自分よりもよく知っている人、そして自分よりも長く生きている人の言葉には、謙虚に耳を傾けるべきだと思う。そこから学ぶことはとても大きいから。経験とは人生においてとても重要な財産なんだ。

「ひらめき」を具体的に実戦で試すことの大切さ

逆に、「ひらめき」というものも、サッカーにはとても重要だと思う。それを僕は幼い時から学んできた。フットサルによってだ。「次はあの技を決めてやろう」とグラウンド外でも練習に励む。それを続けていくことで初めて、ピッチの上でも結果を出せるようになる。

もちろん、出せない場合だってある。それに、ふさわしい時に、ふさわしいプレーをできたかどうか。常にそう思い返す習慣を持つことは必要だ。僕はフットサルを通していろいろなことにチャレンジすることができた。そして、同じことをサッカーのピッチの上でもやったんだ。プロとして、ふさわしい時に、大胆にやってみせた。

秘訣は、練習の時から意識して、ひらめきを具体的に実行してみることだよ。

マイホームは、マイスタジアムだった

ピッチ上で偶然思いついたひらめきも、後から思うと実は家で何度もやっていたことだったりする。

よく僕は家でボールを使って、椅子やテーブルの間を狙ってボールを通してみたり、ドリブルで通り抜けたりして遊んでいた。自分の前に置いてあるものは、何でも練習台にしたんだ。

両親と一緒に暮らしていた家でも、祖父のイルゼマールの家で生活していた時もそうだった。そこでは両親と妹とみんなで一つの部屋に寝ていた。来客があると、4人がいつも寝ていたマットレスを部屋の左隅に寄せなければならなかった。その前には、大型の収納トランクと家具が置いてあったから、寝る場所と家具の間にはごく小さなスペースしかなかった。その小さな廊下みたいな部分で僕はボールで遊んでいた。マットレスも絶好の遊び道具となった。僕にとってのサッカー場の原点は、この狭い空間とマットレスだ。僕はそこでボールを蹴るのが大好きだった。ベッドがあって横っ飛びもできるから、ゴールキーパー（GK）の真似をするのも楽しかった。だから、GKをやれたのはベッドのあった祖父の家での「公式戦」に限られていたんだ。

いとこは女の子だったけど、彼女たちもサッカーをやっていたし、遊び仲間だった。ジェニファーがゴールの片方のポストになった。そして妹のラファエラがもう一方のポストになった。ロハイネとライッサは相手チームだった。僕のいとこたちは、まるで起き上がりこぼしのように障害物の役割をしてくれた。時々、彼女たちもユニフォームを着たものだ。僕はそんな彼女たちを相手に楽しく遊んでいた。

プロになってからのある日、CMの撮影があった。撮影の最後に、僕はいつもそうしてるんだけど、その撮影に使ったボールと一緒に記念写真を撮った。それを終えた僕は、ボールを使ってエレベーターのところまでリフティングをしながら進んだんだ。エレベーターには誰も乗っていなかったので、地上階に降りるまでエレベーターの中でリフティングを続けた。エレベーターのドアが開くと、2人の少年がいて、サインをねだられた。立ち止まって一緒に写真も撮った。それからまた僕はボールと一緒にじゃれ合った。車が止まっているところまでリフティングをしながら進んでいった。僕はボールなしでは生きられない。祖父の家に住んでいた子どもの時から、それはずっと変わらないことだ。

幼少時代に話を戻そう。しばらくして、父さんはサントス市プライア・グランジ地区に小さな家を建てた。プライア・グランジのジャルディン・グローリアにある僕の家にはグラウンドがあった。ゴールは家の奥にある扉だ。僕のスタジアムでは、それを「奥のゴール」と呼んでいた。もう一つのゴールは寝室だ。

僕は自分で勝手に試合を想像して、あるいはリーグ戦を空想するのが好きだった。家中でボールを蹴ってプレーする。そして同時に自分のプレーを実況したり、あるいはプレーをしながら、それを応援するファンの声も真似た。父さんのゴールを決めたり、もちろん、ネイマール・ジュニアのゴールを決めたりもね。

プレーヤーだけでなく、僕はクラブの幹部のような役割も夢想して遊びもした。選手権をオーガナイズし、勝敗表を用意し、グループ分けもした。準決勝、決勝とノックアウト方式で、想像上の選手権で勝利していった。いつの日か実現して欲しいと思いながら。

フリーキック（ＦＫ）もやった。僕がドリブルで進んでいくと、すぐにソファにぶつかってしまって、ファウルをとらえる。僕はレフェリーに対して文句を言う。もちろん、レフェリーは勝手に想像してやるんだ。まるで本当の試合をしているかのように楽しんでいたものさ。

よくやった練習は、小さなボールを壁に向かって蹴ることだった。僕の利き足である右足が疲れると、今度は左足で蹴る。その後は右の太ももを使った。そして左の太もも。それから胸も使った。さらに頭を使ってボールをコントロールした。ゴールを狙ってヘディングするだけではなく、ボールを止める練習もだ。それは簡単じゃなかった。でも、とても面白い遊びだった。遊びながらどんどんと上達していったんだ。

ビーチで遊んだことも、技術を磨くうえで大きく役立ったかもしれない。父さんに時間の余裕がある時は、ビーチで一緒にボールを蹴った。そして、どのように蹴るのが良いかを教えてくれた。僕の足に触って、こう言うんだ。

「いいか、シュートする時はここの部分を使って、こう蹴るんだ」

そのレッスンを何度も何度も繰り返し受けた。父さんが触った部分を使ってボールを蹴ること心がけながら、何度も何度も繰り返し練習をした。

もちろん、何度かやらかしちゃったこともあったよ（笑）。

当時、父さんは家に素晴らしい庭園をつくっていた。自分で設計して、芝生も植えてあった。ある日、僕は友人を招いて一緒にその庭でサッカーをしていた。すると、突然雨が降ってきた。芝生はまだ完全に根付いていなかったので、芝はプレーするたびにみんな剥がれてしまったんだ。父さんが仕事から戻ってきたら、こっぴどく怒られることは間違いない。どうしていいのかわからなかった。

そこで僕がとった方法は、それからの2週間、いつも早く寝ることだった。父さんが家に帰ってきた時には、すでに僕は夢の中に逃げ込んでいるというわけさ（笑）。


今でもよく思い出す。プライア・グランジの小さな僕のサッカー場。ビーチや近所の家も僕にとってはサッカー場だった。

近所の家の玄関は、みんな僕の被害を受けていた。それらはみんな「ゴール」だったからね。僕が放ったシュートは、必ずしも正確にゴールに収まるとは限らない。たまにシュートが逸《そ》れて、母さんの大事にしていた鉢植えに命中してしまうんだ。もちろん、母さんからは、大きな雷を落とされたものだった。これには参ったね。母さんはいつも僕をとても可愛がってくれたけれど、よくこう怒鳴られた。

「いいかいジュニーニョ、植木鉢を割るようなことは二度とするんじゃないよ！」

しかし、母さんが素晴らしかったのは、それでも僕がサッカーをすることをけっして止めなかったことだ。それどころか母さんも父さんと同じぐらい僕を応援してくれた。母さんの父親、つまり僕の祖父・アルナウドもやはりサッカー選手だった。アルナウドは僕のものごころがつく前にこの世を去ってしまったからあまり記憶はないけれど、きっと母さんのように熱い闘志を持った人だったんだと思う。

母さんはいつも僕らのために尽くしてくれる。僕が家で自由にサッカーするのを許してくれただけじゃない。僕の練習場までの送り迎えも、父さんがいない時は母さんがやってくれた。仕事もしていたうえに、家事をこなし、さらに妹の面倒を見ながらだったから、母さんの苦労は計り知れない。それに、当時の僕の家庭はお世辞にも裕福ではなかったから。僕は母さんのことをとても誇りに思う。

両親は常に僕と妹の幸せを祈っていたし、そのためにいつもベストを尽くしてくれた。もしも2人にこれほどの子どもへの情熱がなかったなら、少年の夢は夢物語のまま終わっていたと思う。もちろん、この本だって存在しなかっただろうね。

5 家族を養うための誇りある仕事

クラッキは、歩き方を見るだけでわかる

ジュニーニョが持っている愛情は、サッカーに対するものだけではない。特にボールに対する愛情が人一倍強かった。それは元選手の私から見ても凄いものだった。

それはクラッキになるために必要な才能なのかもしれない。

ボールが好きだということ。ボールを愛すること。ボールに対してリスペクトと驚きを持っていること。何の職業でも一緒だと思うが、良きプロフェッショナルは、その仕事で使う道具を熟知している。道具に対して興味を持ち、きちんと理解することは大切なことだ。

通常、子どもは、サッカーというゲームを愛するわけではない。まずはボールに対して熱心な興味を持つ。そして、部屋や庭でボールと戯《たわむ》れる。場所はどこだっていい。スペースは広かろうが狭かろうが関係はない。近くに壊してはいけないものがあったとしても、気に掛ける必要は子どもにはない。彼らはボールが欲しいのだ。おもちゃとして戯れているのが、やがて真剣にボールと接するようになっていく。そのようなことが私の息子には早くから起こっていたのだ。

優れたサッカー選手は、当然のことだが、ボールの蹴り方を知り尽くしている。ブラジル代表の黄金時代である1960年代に、長い間代表チームのフィジオ・テラピスト（理学療法士）を務めたマリオ・アメリコは、こんな指摘をしている。

「クラッキは、その歩き方を見るだけで区別ができる」

ネイマール・ジュニアはほんの赤ん坊の、歩き始めるよりも前からその兆候を見せていた。ハイハイしていた時からボールと戯れていたせいかもしれない。3歳になると、私が思っていた以上に、ジュニーニョとボールの戯れ合いは、より真剣なものになっていた。彼に向かって私がボールを蹴ると、それを真似して正確に返してきたのだ。はたから見れば、父と息子がボールを使って遊んでいる、よくある親子の風景だっただろう。しかし、彼にとって、それはただの遊びではなかった。その表情は、集中して真剣そのものになっていたのである。

彼の遊び方は普通の子どもと違っていた。子どもはおおよそボールを独り占めにするものだ。自分だけでシュートしたり、誰にも渡すことなく独占して遊んだりする。しかし、ジュニーニョは、パスを受けると自分のものだけにしないで、すぐに私に対してボールを蹴り返してきたのだ。

また、ボールを独占したい時には手を使う子どもが多いが、ジュニーニョはそれがなかった。彼はボール遊びの中でもサッカーをしていたのだ。ボールを使って相手と会話を楽しむ、ボールを介してコミュニケーションをとろうとしていたように思う。彼には一緒にサッカーをやる人間が必要であり、一緒になってパスを出し合う人間を求めていた。彼はまるで本能のように、簡単にプレーを覚えていったのだ。

試合形式でサッカーを始めた頃も、彼は周囲の子どもたちとは明らかに異なる部分を見せていた。それは技術的なことだけではない。特に大きな差を感じたのは、試合における考え方だ。とにかくボール目掛けて群がっていくのは、相手チームと合わせて19人。ジュニーニョはその輪には加わらず、むしろ輪の外にいて、ボールがこぼれ出るのを待ち受けていたのだ。ボールを受けるとしたら、どこがいちばん効果的なポジションかということに、彼の考えはいたっていたのである。

ジュニーニョの才能を見抜いた私は、より難しいパスを彼に向けて出してみた。より強く、よりコントロールが難しいボールをあえて蹴ってみたのだ。だが、彼はボールを見事にコントロールして、またもや正確に戻してきたのだった。もともとジュニーニョはすべてをしっかりとやる子どもだった。私が丁寧に説明する必要もないほどに。彼にはどこへボールを蹴ればよいのか、どのようなプレーをすればよいのか、幼い頃から理解していたのだろう。

私はプロ選手として右ウイングのポジションを務めていたこともあって、ドリブルには自信があった。しかし、シュートはそれほど上手ではなかった。選手時代のキャリアにおいて決めたゴール数も、けっして多くはない。左足では上手にシュートすることができず、パスを出すためだけに使っていた。

だが、ネイマール・ジュニアは違った。幼少期から、サッカーに関するほとんどすべてのことを両方の足でこなすことができていた。ジュニーニョの潜在能力は常に私に驚きを与えてくれたのだった。

ジュニーニョがボールに対して格別の愛情を持っていたことは先に述べたとおりだが、それがエスカレートしたのか、彼は大量のボールを所有することに歓びを見出すようになっていった。我が家には50個以上、いろいろなボールがあった。上質なボールもあれば、壊れてしまったものもあった。それだけの数があれば当然、ベッドの上には収まらず、部屋中に散らかっていた。彼の部屋に収まらないボールは、他の寝室や居間にも転がっていた。袋詰めしたものまであった。新しいボール、古いボール、しぼんだボール、膨らんだボール。ジュニーニョはそれらに分け隔てなく接し、すべてのボールに愛情を注いでいた。

人生において一つのことだけをとことん突き詰めていくと、しかもそれを全身で愛して夢を抱きながらやっていると、まるで自分の体の一部、生活の一部のようになることがある。彼の場合、サッカーボールがそれだったのだ。

電気代が払えずにロウソクの明かりで暮らした日々

人生において突き詰めることとは何か。仕事だ、という考えもあるだろう。

先に触れたことだが、私は1992年6月に起きた自動車事故によって、心身共に不安定な状態となってしまった。事故によって1年間はまったく歩くことができず、選手としてのキャリアは脅かされ、1997年に引退を決断することになった。8月3日、「オペラリオ・ジ・ヴァルゼア・グランジ」が、マトグロッソ州選手権の決勝戦で「ウニオン・ジ・ロンドノポリス」を相手に2対1で勝利した日。優勝を祝って、その直後に引退を決めたのである。

そして翌年、州タイトルを獲得して半年も経たないうちに、私は就職試験を受けた。サントスにある通信エンジニアリング会社「ＣＥＴ」だ。私は自動車が好きで、父と共に自動車整備修理工場で働いていた経験もあり、ＣＥＴは選手引退後の就職先にはベストと考えていたのだ。

無事に私は試験に合格した。ところが、私が就いた業務は、私の力を発揮できる、得意としてきた車関係の部署ではなかった。石工の仕事を手伝ったり、サントス市庁舎の工事や、バスの停留所の待合所を建設する一般的な土木作業をする部署だった。具体的には、道路の敷石をポルトガル風のモザイク装飾で仕上げ、停留所の案内板を道路に打ち込むといった作業だ。望んだ仕事ではない。しかし、就職したばかりの私に与えてもらえた仕事は、こういう類《たぐ》いのものばかりだった。

厳しい仕事が４カ月ほど続いた後、徐々にではあるが、車関係の仕事を担当できるようになってきた。偶然、車の整備スタッフに欠員が出たのだ。私はエンジンに詳しかったので、電気工の一人が休みの時に、その代わりを務めることになったのだ。エンジンに関するテストにも合格できたので、ＣＥＴと警察が使用するオートバイの整備を任されることになった。そして、車両メンテナンスのチーフになることができた。

この仕事は結局、２００９年に退職するまで続いた。仕事を辞めた理由は、息子の選手生活を支援・管理するためだった。息子には神の特別な加護があったと私は確信していた。真剣にサッカーと向き合っていくことができるならば、かつての私のように、州選手権で優勝しながらも短い競技者人生で終わってしまうことはまずありえない。ジュニーニョなら市庁舎のための石を砕くこともないと判断したからだ。

私がこれまでに経験した仕事は、誰に対しても誇れるものだと自負している。何をおいても家族を食べさせていかねばならない。そのためならば、私は最低賃金で働くことだっていとわぬつもりでここまで勤め上げてきた。いくら疲労が蓄積されていようが、家族を養うための努力は絶対にしなければならない。

これは余談だが、ネイマール・ジュニアがパナソニックのＣＭに出ることになった時の驚きは大きかった。薄給を補うために、私はかつてパナソニックの浄水器を売る仕事もやっていたのである。不思議な縁を感じている。

私は家族のために全力で働き、懸命に生きてきた。息子の夢の実現のために何が役に立つのか、常に思考をめぐらせてきた。経済的に恵まれた状況とは言い難かったが、私には神がくれた幸運と素晴らしい友人たちというかけがえのない存在があった。彼らは私たち家族をいつも助けてくれたし、私自身も友人たちのためになることを心掛けてきた。

CETでの仕事を始めた当初、私は他でも仕事を掛け持ちしていた。ウィークデーはCETで働き、週末には古いライトバンで荷物の配達を行っていたのだ。この車は老朽化がひどく、カーブの時には、後部座席に座っている者がドアが開かないように内側からしっかりと支えていなければならないほどだった。

配達の仕事が縁となって知り合った仲間からは、2つのペラーダ（草サッカー）チームを紹介された。プライア・グランジとバイシャーダ・サンティスタにそれぞれあるクラブだった。前者のオーナーの一人は税関の係員をやっていたトニーニョという男で、ジャルディン・レアルにはグラウンドも持っていた。後者は、ジュラという建設会社が運営するチームであり、拠点はモウヴィに置いていた。

当時の私はプライア・グランジに土地を持っていた。街の中心部という立地条件で、12×30平方メートルという面積だった。サッカー選手として得たお金をつぎ込んで購入したものだ。私の夢は、この土地に家を建てることだった。土地に関する所有権はすべて正当なものだったので、建築に際して問題はなかった。ただ、肝心の家を建てるための資金がまったくなかった。何とか、妻と子どもたちのために小さな家で構わないから建てたかったのだが……。

半ば諦《あきら》めかけていた私を助けてくれたのが、友人たちだった。彼らはどんな夢でも、またそれがいかに厳しい条件であろうとも実現できるということを教えてくれた。

なんと、トニーニョが家を建てるための材料すべてを集めてくれ、ジュラは大工を揃えてくれたのである。これらは、彼らのサッカーチームで私が貢献することと引き替え条件となっていた。その後、私は毎週土曜日と日曜日、それぞれのチームのために戦った。草サッカーのおかげで、家族の家を建てるという私の夢は実現した。この2人は、それからも私をよく助けてくれ、今でも深い関係を続けている。


私の人生には多くの困難が降りかかってきた。

ある時には電気代を支払うお金もなくなってしまい、電気を止められたこともあった。電灯がつかないため、夜はロウソクをともして、その明かりを頼りに暮らさねばならなかった。家族にこんな生活しかさせられないことに私は落胆した。

しかし、ジュニーニョとラファエラの反応は、父のそんな思いと相反するものだった。彼らは薄暗い状況をむしろ楽しんでくれていたのだ。「この明かり、とっても素敵だね！」と、家中を走り回って喜んでいた。

この時の我が家には確かに明かりがなかった。しかし、値段のつけられないものが存在することがわかった。愛だ。それを育むことによって、家族はつくられ、人生は創造されていくのだろう。過不足なく物を与えることだけが幸福の尺度ではない。愛情、優しさ、歓びも悲しみもみんなで共有するという感覚を培うことができたのは、私たち家族にとって非常に有意義だった。経済的に恵まれていなくても、家族は最高にまとまっていたと思っている。

自分の夢よりも、私は家族を選んだ

私はサッカー選手として現役を引退したが、実はその後も、オファーを寄せてくれたチームはいくつかあった。プロ選手として再びプレーできるのはありがたいことであり、２度の引退を経験した私にとっては、またとないチャンスでもあった。

しかし、再びプロ選手としての生活に移行することはリスクが極めて大きい。せっかく得ることができたＣＥＴでの仕事を捨ててプロ生活に入ることは、勝ち目の少ない賭けでもあった。むろん、プロ選手に戻れたとしても、十分な収入が得られない可能性は高い……。

この時の私には、もう、そんなリスクを選択することはできなくなっていた。一家の大黒柱として家族を支えていくことと、自分の夢をはかりにかけて考えることなどできるはずがない。オファーに対して「ノー」と答えた。

この返事をすることが、とても辛い決断であったのは事実だ。練習や試合で体が感じる痛みよりも、この時に味わった心の痛みははるかに大きかった。

会社からの帰路、悲嘆に暮れることもよくあった。それは取り組んでいる仕事に対してではない。「もう二度とプロサッカー選手としてプレーすることはできない」という事実に対してだった。またそれを選択せざるを得なかった自分に対して、さらに言えば、それが生計を立てるためにやむを得ない選択だったということに対してだ。

心が受けた痛みは、タイトルを失った時や重要な試合に負けた時に感じるものと似ている。私は負けることが大嫌いだ。試合に出られない、二度とプロとしてピッチに立つことがないということは、負けるという機会を得る以前に、負けてしまったようなものだ。その辛さは今も忘れることはできない。

人生というゲームはとても残酷だ。しかし、それ以上に残酷なのは、ゲームに臨《のぞ》めないということであり、夢を持てないということである。サッカー選手としての私の夢は潰《つい》えてしまったが、それは2人の子どもたちに姿を変えて、今も宝石のごとく輝きを放っている。だから私は今も夢を持って生きているつもりだ。そして、その宝石たちも私と同じように夢を持って生きている。父親の背中を見て、それを学んでくれたのならば、私の夢の一つはかなったと言ってもいいだろう。

＊1 **サントスFC**　サンパウロ州、かつてコーヒーの積み出し港として栄えたところだが、サッカーが最初に伝えられたサッカー揺籃の地としても有名。サントスFCは60年代にペレを擁して黄金期を築いた。本拠地ヴィラ・ベルミーロ。愛称は「ペイシェ」。

＊2 **ペレ**　世界に誇るブラジル史上最高のフットボーラー。「キング」の愛称を持つ。60年代に数々のタイトルをサントスFCにもたらし黄金時代を築いた。W杯には4大会連続で出場し、うち3大会で優勝しているレジェンド。

＊3 **ポルトゥゲーザ・サンチスタ**　サントス市にあるサッカークラブ。フットサル部門もあり、ネイマール・ジュニアは7歳の時にトゥミアルの「グレメタル」から移る。03年にサントスFCに移るまで、このクラブでフットサルとフットボールをやっていた。

＊4 **メッシ**　13歳の時にアルゼンチンからバルセロナへ移り、バルサの下部組織で育つ。16歳と145日でバルサのトップチームデビュー。バルサの絶対的なエース。FIFAバロンドールを4年連続受賞。ネイマール・ジュニアのバルサ加入に大きな影響を与えた尊敬する選手。

＊5 **クリスティアーノ・ロナウド**　メッシと並び、現在、世界最高峰の選手に挙げられる、FCバルセロナの最大のライバル、レアル・マドリードで活躍するポルトガル人エース。13年FIFAバロンドールを受賞。

＊6 **ロナウド（フェノメノ）**　フェノメノ（怪物）というあだ名を持った02年日韓W杯の得点王にして優勝の立役者。バルセロナ、インテル、レアル・マドリード、ACミランといった欧州のビッグクラブで活躍した。

＊7 **ロビーニョ**　ベッチーニョコーチに見出され、サントスFCで大活躍。ペレの再来と言われた逸材。05年にレアル・マドリードへ渡り3シーズンを過ごし、その後、マンチェスター・シティーで活躍した後は、サントスFCに復帰。ACミラン所属。

＊8 **リヴァウド**　左足の魔術師と言われ、02年日韓W杯ではロナウド、ロナウジーニョと共に「3R」と呼ばれる攻撃陣を形成して優勝に貢献した。97～02年までバルサで活躍。

＊9 **ロマーリオ**　94年アメリカW杯優勝メンバー。93～95年までバルサに在籍。93～94年シーズンには30得点を記録して得点王、クラブの優勝に大きく貢献した。10年からは政治家となるが、それ以前から様々な発言により物議を醸したりしてきた。常にブラジルサッカー界においてスポットを浴びてきた人物。

第2章
あこがれのサントスFCで

6 永遠なるサントスＦＣ

自分のプレーに責任を持ち、相手をリスペクトする

６歳の時から僕は、父さんがサッカーをやっている姿を見てきた。彼はサッカーを愛し、そして、常に勝利を目指し、集中して戦っていた。その姿勢から僕はたくさんのことを学んだ。結果を出すためには日々の練習を真剣にやることが必要であるし、そしてすべての試合で全力を出すことが大切だということだ。

僕はまだガキだけど、父さんから成長のきっかけとなる知恵を授かっている。ドリブルは無駄にしてはいけない。常に責任を持ってプレーする。そして、対戦相手をリスペクトすること。父さんの教えはいつだって具体的だし、理解しやすい。例えば、こんな感じ。

「時にはサイドチェンジをしたりして、両サイドのスペースを広く有効に使って動くことだ。そして相手ＤＦを止まらせず、疲れさせるんだ。そのためには自分が止まってはいけない。相手にとって楽なポジショニングをとってはいけないんだ。それができれば相手Ｄ

Fのマークを外して、自分のプレーができる」

レベルの高いテクニックを持っているサイドアタッカーが、軽率なドリブルをしてボールを奪われてしまうシーンを、父さんはいつも僕に見せて指導してくれた。

「中盤で華麗なリフティングをすることでゴールが決まるのなら話は別だ。でもそんなことは実際にはない。テクニックにおぼれて余計なプレーをすることは、多くの場合はマイナスを招く。その結果、そいつはチームメイトから非難され、監督からは叱責され、ファンの怒りを買うことになる」

そのことはよく理解しているし、実際、同じようなことで僕も苦しんだことがある。それを見たファンがどのように感じるのか、そして、選手自身がどのような気持ちにさいなまれるのかもわかる。勝利するためには精神を集中させることだ。プロとしてピッチに立つのと、ビーチで友達と遊ぶ時のサッカーは違う。友達同士で草サッカーを楽しんだ時のような歓びを感じつつも、同時に、プロはファンを満足させるプレーを要求される。今の僕はそれに応えなければならない。

僕は幸運なことに、１００周年を迎えた名門クラブに所属することができたし、クラブは僕にとって必要な条件をすべて与えてくれた。すべてのスポンサーとパートナーが僕の仕事を理解し、支えてくれた。

　僕がサントスＦＣに加わってから、願っていたことは全部実現している。そのきっかけをつくってくれたのは、１９５０年代から60年代までサントスで活躍した偉大なるサッカー選手、ジト[*10]だ。彼が、僕をクラブに紹介してくれたんだ。サン・ヴィセンテ市トゥミアルにある「グレメタル」でプレーした後、ポルトゥゲーザ・サンチスタでの僕のプレーを見たジトが、サントスへ僕を連れていってくれた。彼の練習はとても楽しかった。僕を全面的に信頼してくれて、熱心にクラブへ誘ってくれた。ジトは僕をいつも助けてくれた。でも、ジトが助けてくれたのは、僕だけじゃなかった。僕の家族全員を助けてくれた。彼が僕の家族にヴィラ・ベルミーロ（サントスＦＣ）の扉を開いてくれたんだ。

　僕は7～12歳までフットサルをやっていた。ピッチで行う普通のサッカーは、もっと後になってからだ。小さい頃から僕はやせた体型だったけれど、常に上のカテゴリーでプレーをしていた。そこで得た経験が今の僕を支えていると言っていい。
プレ・ミリン（10～11歳のカテゴリー）の年代の時、すでに僕はミリン（12～13歳のカテゴリー）でプレーしていた。ミリンの年代の時は、インファンチル（14～15歳のカテゴリー）でプレーした。上のカテゴリーだったということもあったけど、相手チームの選手の体格が大きかったことで、僕は自分のスタイルでプレーすることがなかなか難しかった。彼らはやせっぽちだった僕をその体格でつぶそうとしてきたんだ。U－15の選手を相手にした時なんかは、

「見た目は大人じゃないか。観客席で応援してるのは親じゃなくて子どもじゃないか？」

とチームメイトとジョークを言い合っていたけれど、それくらい立派な体格だった。とても15歳以下には見えないんだ。ただ、彼らに立ち向かうことで、僕は肉体的にも精神的にも強靭さを備えることができたと思っている。

　このクラブで出会ったチームメイトや監督にも僕は力をもらった。監督のリマ[*11]は、あのペレが所属していたチームでオールラウンドプレーヤーとして活躍した有名なサッカー選手だ。彼はいつも僕や父にサッカーにおける体格差の話をしてくれたし、試合の後には、

「大丈夫か？」と気にかけて僕のところに来てくれた。

　U－15のチームには、まるで30歳ぐらいにしか見えない大柄な選手がいて、僕はその男にハードマークされていたからだ。今なら笑い話にして語ることもできるけど、体格差の洗礼にはホントに苦しめられたね。

　僕がクラブに加わった当時、まだサントスFCには現在でいう13歳以下のチームはなか

った。ジトのアイデアで、クラブはそのカテゴリーを新設した。下部組織が充実したことで、僕や仲間もより密接にクラブとつながることができたし、そこで選手として育っていくための新たなプロジェクトに参加することもできた。さらに言えば、それまで無給だった僕もサラリーを受け取ることができるようになった（フットサルの選手だった時には、プロとしてお金をもらっていたことはあったけれど）。

ブラジルでは一定の収入額を下回る家庭には、「基礎消費バスケット」と呼ばれる、生活補助費が支給される。さらに、学校に行く頃になると、クラブから奨学金をもらうようになった。裕福ではなかった当時の僕たちの家族にとって、それはとてもありがたいことだった。しかも父さんは交渉して、僕の分に加え、妹の分まで受け取ることに成功した。

父さんは交渉の場でもクラッキだった。なんと、監督のベッチーニョのガソリン代までクラブと交渉して得ることに成功したんだ。当時は父さんと母さんは外で働いていたから、ベッチーニョがサントスの練習場まで僕を車で連れていってくれた関係でもあったから。近くに住むチームメイトも一緒に送ってもらっていた。

学校と練習が終わって家に僕らを送り届けると、ベッチーニョは帰り際にいつも僕らにこう言うんだ。

「おまえたち、これからしっかりと休むんだぞ。いいか？」

サッカー選手には練習の時間も大切だけれど、体を休める時間も必要だ。ベッチーニョのアドバイスはとても的を射ていたけど、僕らはまだまだ遊び足りない。ベッチーニョの車が見えなくなるのを見計らって、ストリートサッカーを始めるんだ。家の中でも、あるいはやってはいけないところでも、場所なんかお構いなしにね。

サントスＦＣは僕にとって我が家であり、家庭そのものだ

サントスＦＣでの日々は夢のようだった。そんな機会をつくってくれたのは、振り返ってみれば、マルセロ・テイシェイラ会長の英断があったからだ。僕らの将来に投資して、メニーノス・ダ・ヴィラ練習センターという素晴らしい施設をつくってくれたことは、僕がサントスＦＣに入ることになった大きな理由の一つでもある。

実際にこの最新施設のおかげで、新たなタレントがそこから次々と生まれていった。どうせサッカーをするのなら、最高の条件のもとでするほうがいい。サントスＦＣは、快適に過ごすことができる我が家であり、家庭そのものだった。11歳の僕を受け入れてくれたクラブは、僕がボールを使ってプレーすることだけに集中できるような環境を整えてくれ

た。僕がサッカー選手として成長していくために最大限の幸せが得られるように現場を変えてくれるんだ。

僕の日常は、練習、試合、遠征、学校の繰り返しという目まぐるしさだったから、自分のことを家で守ってくれる身近な人の存在が不可欠だった。父さんはいつも僕に付き添ってくれていたけれど、当時はまだCETで働いていたから留守のことも多かった。だから、クラブ側から母さんに対しての報酬として、お金を支払ってもらえるという提案があった時は本当に助かった。おかげで母さんは仕事に行かずにすみ、家で僕の世話をしてくれるようになったからね。

サントスFCは僕にとってすべてであり、最大の存在だ。それはブラジル代表に抱く気持ちと同じものだし、現在所属する「FCバルセロナ」に対しても同じ思いを持っている。

選手である以前に、そのクラブの最高のファンでいたい

サッカーにおいて最も素晴らしいことの一つに、チームの一員としての「責任感」を身につけることで共同意識が持てるという点がある。そんな感情をチームメイト同士で共有

できれば、自分たちは多くのサポーターから支持されたイレブンだ、という自覚も自《おの》ずと湧いてくるものなんだ。

これはプロの選手としての思いだけじゃない。クラブを愛するファンとしての感情も含まれる。心から愛するという無垢な感情が大切だ。父さんはよくこう話してくれた。

「選手である以前に、そのクラブにとって最高のファンであるべきだ」

僕はピッチ上でそのことを常に強く感じながらプレーしてきた。僕はファンの一人としてもクラブに貢献したいと思っている。

サントスＦＣとＦＣバルセロナに共通しているのは、クラブの下部組織での仕事を高く評価するという哲学が重視されていることだ。下部組織で選手が育つこと、その選手たちに対する親近感と協調性を育むことをとても大事にしている。その哲学が浸透していることで、ピッチの内外で魅力的なプレーを生み出すことができるんだ。

好きなクラブでプレーをして、選手全員がそれぞれのアイデンティティと共に一体感を兼ね備えた関係であるならば、最高のチームになれる。そんな仲間と一緒なら、単に試合に勝つだけでは物足りなくなってきて、ファンを、サポーターを、そしてクラブを喜ばせたいという気持ちがとても強くなってくる。僕ら選手は、良い意味で感情を高ぶらせてプレーするようになれるんだ。

得点だけの問題じゃない。観戦しているみんなに喜んでもらいたい、納得してもらう勝利を見せたい。下部組織に力を入れているビッグクラブは、ただ勝ちにいくことだけを考えているわけじゃない。ファンでない人々のことも魅了させてしまおう、そんなふうに考えているはずだ。そうしたプレーはチーム全体の美しい調和によって生まれる。ちょっとたとえが難しいけれど、家庭料理のように、より美味しくて愛情が詰まった素晴らしいものになるんだ。

この考え方は、これからも僕が大きな結果を生み出していくうえで大きな効果をもたらしてくれるはずだ。サントスFCで証明できたように、新しいクラブでも僕はそれを望んでいる。FCバルセロナが僕の新しい「家」となることを。

7

13歳の息子に届いたレアル・マドリードからの招待状

プロ選手は多額の報酬を得るが、それに惑わされてはならない

お金というものは、厚かましく受け取るものではないと同時に、しっかりと守らなければならないものだ。

私は息子に関係するお金を管理してきた。ネイマール・ジュニアにそれを負担させることは、ボールだけに向けるべき集中力を欠くことになる。彼には自分がいくら稼いでいるのかといったことを心配してほしくはない。サッカー選手として成長していくことだけに自身の力を傾注してほしい。事務的な部分は私が担えばいい。ジュニーニョがピッチの内外で成長していくためならば、私はどんな負担もいとわない。

お金を管理するというと、貪欲なイメージを持たれることが多いが、私はそれをむしろ重大で責任のある仕事だと思っている。

この仕事は、ジュニーニョが2009年、サントスFCのトップチームに入った時から始まった。彼が稼いだものすべて、そして、彼が使ったものすべてについて、私は目を光らせている。

プロの選手は短い期間に多額のお金を得ることができるが、それに惑わされてはならない。ネイマール・ジュニアは11歳の時からクラブと契約を結んでいるが、重要なことは契約によって彼が手にした報酬ではなく、彼のことをあのサントスFCが認めてくれたという事実だ。

ジュニーニョは2013年から、FCバルセロナに所属しているが、2006年3月、バルサよりも先にスペインリーグ最大の名門クラブ「レアル・マドリード」から声がかかっていた。

このオファーを持ってきてくれたのは、ベッチーニョに紹介された私たちの代理人のワグネル・リベイロだ。彼と私たち家族との関係は深い。その縁を話しておきたい。

ワグネルは、代理人としてすでに成功しており、ロビーニョ、カカー[*12]、ルーカス[*13]、パト[*14]といったクラッキを欧州のビッグクラブに移籍させた実績を持っている。彼はジュニーニョの才能に感銘を受け、息子が11歳の時から契約を結び、毎月、お金を渡してくれていた。

けっして大金ではなかったが、当時の私が勤務先のＣＥＴからもらっている給料にサントスＦＣが負担してくれている経費などが合わさったことで、私たち家族の暮らしは安定した。妻のナジーネが専業主婦になれたため、息子の活動を私と交代で助けることができるようになったのである。

ナジーネが家にいられれば、ネイマール・ジュニアは母親がつくってくれた温かい昼食を食べて練習に行ける。それまでの彼は一人、電子レンジで食べ物を温めて、寂しく昼食をとることも珍しくはなかったのだ。


すべては順調に進んでいた。しかし、ワグネルとサントスＦＣの間には摩擦が生じていた。彼はロビーニョの代理人として、レアル・マドリードへ移るための交渉を行っていたのだが、非常に難航していた。それが影響したのだろう、

「もしも代理人としてワグネルと引き続き契約していたら、ネイマール・ジュニアもすぐにサントスＦＣを出て行くだろう」

と穿《うが》った見方をする人も増えはじめていった。

サントスＦＣへの敬意と親愛を持っていた私たちにとって、それは単なるデマに過ぎない。ジュニーニョはいつもと変わらずに、練習と試合の日々を繰り返していた。

ところが、悪質な声が上がりはじめた。

「ワグネルと契約し続けるのならば、ネイマール・ジュニアはサントスFCから追い出すべきだ」

実にバカげた話だ。

ワグネルは私たちを助けてくれたし、彼からたくさんのことを学んでいる。先に述べたように、彼は息子に対して初めから投資をしてくれた。私たちのために彼は身銭を切ってくれていたのだ。いくら第三者からの圧力があったとしても、彼との関係を断つことはありえないことだ。彼とサントスFCとの間にいかなる問題があろうと、私たちと彼の関係は誠実であり、軋《きし》みが生じるものではない。

すべては誠実さをもって行動すれば、それはピッチ内外にかかわらず、何よりも勝るものであり、誠実さこそ人生で最も重要視されるべきものだと私は思っている。

ネイマール・ジュニアは、まだブラジルで成長する必要がある

ワグネルがレアル・マドリードを私たちに紹介してきたのは、ネイマール・ジュニアが

13歳になった時のことだった。

息子と私は、生まれて初めて飛行機に乗って海外に向かった。スペインに滞在したのは19日間。その際、レアル・マドリードは、ＦＣバルセロナが少年時代のメッシに出した条件と同様なものを私たちに提示してきた。それはジュニーニョの将来に対する大きな投資でもあった。息子をマドリードへ呼び、異国の環境で成長させようというプランだ。人間として、また選手としても成長させるために策定されたアイデアが多数記されており、その条件をのむのならレアル・マドリードは莫大な投資をジュニーニョに対して行う用意がある、ということだったのだ。

スペインでは、１日目からレアル側はジュニーニョを練習に参加させたが、長旅の疲れなど感じさせないほど好調なプレーを彼らに見せた。19日の滞在期間中、ジュニーニョが決めたゴール数は、実に27ゴールだった。ジュニーニョはマドリード到着から最初の３日間で、レアルの期待にすべて応えていたと言える。

契約に関しても申し分ない条件であったし、ネイマール・ジュニアに関してだけでなく、私たち一家を全面的に支えてくれるもので、妹のラファエラが通うための学校も用意されていた。

スペインに拠点を移すためのお膳立てはすべて整っていて、あとは母親であるナジーネがサインするだけだった。もちろん、妻と娘にもスペイン行きの航空券がすでに用意されていた。ところが、妻は娘と共にサントスに残ることを選んだのである。

ヨーロッパに着いて6日が過ぎた頃のことだ。ジュニーニョと私は早くもマドリードの環境に耐えられなくなっていた。初めてブラジルを離れることになった私たちの心に影を差すことになったのは、サウダージ（郷愁）だ。大人である私は何とか耐えられたが、息子はまだ13歳の子どもだ。彼が抱えていた寂しさはさらに大きなストレスとしてのしかかっていることがわかった。

ジュニーニョの元気がなくなっていく。彼は、母親や妹、家族、友人たちや学校、街、そしてサントスFCに対しても、スペインに移籍することでそれを失ってしまうように感じていたのかもしれない。

滞在中の食事も、レアルは素晴らしいものを用意してくれた。しかし、ブラジル人である私たちは、どうしてもフェイジョン（黒豆ご飯）が懐かしくなってしまう。いくらお金が豊富にあっても、ここでフェイジョンは食べられない。愛するサッカーに最高の環境で向き合うことができているのにもかかわらず、ネイマール・ジュニアは日が経つにつれて悲しそうな表情を見せるようになっていった。いつもの明朗で活発なジュニーニョではなくなっていく……。

環境の変化にもいずれは慣れていくものなのかもしれないが、息子の様子を見て、まだ今はスペインに移り住むタイミングではないと私は判断した。

子を持つ父親なら誰もが感じることだろう、私にとってジュニーニョはいつまでも幼い赤子の頃の彼だ。息子をヨーロッパに置いていけば、その潜在能力からして、きっとレアルが考えるような選手としての成長はあっただろうし、莫大な収益をクラブに対してもたらすことになっただろう。しかし、13歳の子どもにそれを強いるのは、あまりに強引かつ暴力的なことだと私には映ったのだ。

ジュニーニョも私の考えに同意した。再びサントスに帰ることが決まると、ジュニーニョだけでなく私も心が晴れていくのがわかった。今はまだその時ではない――この決断は本能が命じたのだと思っている。「大金を稼ぐチャンスを逃した」と批判する人もいるだろうが、私は、息子が幸せを感じながらボールを追いかけてくれることだけを常に望んでいる。マドリードでの数日間、明らかに彼は幸せには見えなかった。レアルだけではない。世界中のどこのクラブにも、この時のジュニーニョが求める幸せを与えられるところはなかったと言えるだろう。そして何より、お金と引き換えに大事なものを失うことになるのではないかという思いがあった。

人生には、じっくりと物事を考えなければいけない時があるものだ。それはプロ選手の代理人としても、父親としても、同じことが言える。物事にはさじ加減がある。

それは実際にマドリードに行ったからこそ得られた決断と言っていいだろう。私は13歳のジュニーニョをマドリードに送ることをやめた。

最終的な判断はジュニーニョが決めた。私たちはマドリードからの帰国後、真っ先に「戻りたい」と感じたことをワグネル、そしてジトに対して率直に説明した。ヴァンデルレイ・ルシェンブルゴ監督もジュニーニョがサントスFCに残ってくれることを望んでいた。[*15]彼は2005年にレアル・マドリードの監督を務め、2006年にサントスFCに戻ってきていたのだ。彼は、マルセロ・テイシェイラ会長にも、ジュニーニョが残留するように説得してもらえるよう懇願していたそうだ。

選手としてキャリアを積んでいけば、ジュニーニョには必ず新しいオファーが来ると私は信じていた。13歳という年齢からすれば、ネイマール・ジュニアは、キャリアをスタートさせたばかりの選手としては十分に成功している。ただ、この時点でのレアルは、彼にとってふさわしい場所でもタイミングでもなかった。ネイマール・ジュニアは、まだまだブラジルサッカーの中に身を置いて、サントスFCでさらに成熟しなければならない。

しかし、ジュニーニョがサントスFCに残留を決めたという情報が広まると、たくさんの人から私宛に電話がかかってきた。

「おまえは頭がおかしいんじゃないか？」

「ヨーロッパのビッグクラブからのオファーを断るなんて、そんなチャンスは二度と来ないぞ！」

こうした声が上がることはむろん、想像はできていた。

チャンスとは神によって与えられるものだ。この少年が生まれた時から定まっていた道を着実に歩んでいることを、彼らは理解していないのだ。私は反論はせず、聞き流した。

ネイマール・ジュニアがヨーロッパへ行く日はいずれ来るだろう。たくさんのことを学ぶのはそれからだって遅くはない。この決断が間違っていなかったことは、残留を決めたサントスFCで、さらにはブラジル代表で、ジュニーニョが成し遂げてきた数々の活躍を見ていただければわかると思う。


サントスFCに留まることを決めた私たちは、再びクラブ側と交渉を持った。マルセロ・テイシェイラ会長は、私たちをサントスにあるサンタ・セシリア大学の一室に呼んで話し合い、実に好意的な結論を出してくれた。プライア・グランジにある小さな我が家から、クラブの目の前に立地する非常に環境の良いアパートメントに移り、私たちは新たな生活をスタートさせることができた。サントスFCこそ私たちの故郷だ。サッカー選手としてジュニーニョを成長させるための環境と、私たち家族のための生活環境など、あらゆることを整えてくれた。いくら感謝してもしつくせない。

特にジトに対しては格別の思いがある。ジュニーニョが契約書にサインをした場所は、我が家のテーブルだった。高級シュラスコ（バーベキュー）レストランなどで交わされたのではなかったため、ジトに私たちが供することができたのは、ジュニーニョの誕生日につくった残り物のミートパイだけだった。高級なピカーニャ（ランプ肉）などではない。彼は残り物のミートパイを口にして、私の妻に「美味しい」と感謝してくれたのだった。

ジトは私たちの家族全員にとって最高の友人だ。ネイマール・ジュニアがチームを移籍して敵として彼と戦うことになったとしても、彼との関係は生涯変わらないだろう。

8

僕のスタイル

僕はシンプルに生まれ、シンプルに死んでいく

僕の中には幼い頃のままの魂が存在していると思っている。もちろん、プロのサッカー選手としての責任感は持っているし、19歳にして子どもを持つ親にもなったのだから、家族に対しての責任も理解している。でも、今も子どものような気持ちで、昔みたいにストリートでボールを蹴って無性に遊びたくなるんだ。友達と騒ぎながら、ゲームがしたくなる。それは、何物にも代えられない楽しい時間だ。神のおかげで、僕らの国ではこんな楽しい時間をまだまだたくさん持つことができる。

僕の人生はシンプルだ。シンプルに生まれ、そして、シンプルに死んでいく。そうありたいと常に思っている。

ちょっと僕自身のことについて語ってみたい。

僕の理想の食卓は、ブラジルの普通の家庭料理が並んだものだ。ライスにフェイジョン、牛肉にポテトフライ。そしてマンジョッカ[*16]（キャッサバ）からつくられる粉をバターや刻みベーコンで炒めたファロッファ[*17]。それ以上にいったい何が必要だろう。ああ、そうだ。僕はビスケットが大好きなんだ。小さい時から変わらない。そして、忘れちゃいけないのはアイスクリーム。僕の事務所にはよくお菓子屋にあるのと同じ大きさのアイスクリーム用冷蔵庫がある。そこにはいつもたくさんのアイスクリームが並んでいる。

そしてクローゼットの中には、洋服がずらりだ。僕は流行のファッションが好きだし、ヘアースタイルを変えるのも好きだ。靴やアクセサリーも。

でも、あまり注意を払わないものがある。ユニフォームだ。ユニフォームをとっておいたりすることはない。たいていは友達にプレゼントしてしまうから、ほとんど僕の手元には残らない。記念すべきバルセロナの入団発表で着たものも、どこかに行ってなくなりそうになったくらいだからね。そもそもユニフォームは、ほとんどＦＣバルセロナのホーム、カンプノウスタジアムのロッカールームに置きっぱなしにしている。

ユニフォームだけじゃなく、トロフィーも忘れてよく置いてきてしまう。２０１２年のロンドンオリンピックでもらったトロフィーも、トーナメントで活躍した時にもらったものも、ホテルの部屋のクローゼットに置き忘れてしまったことがある。アルゼンチンで行われたコパ・アメリカのトロフィーも忘れてきたくらい。だらしないって？　僕はそういったものに、あまりこだわらないタイプなんだ。

でも、僕が最上級の愛情を持ち続け、けっして忘れることができないのはサッカーだ。1日24時間以上、サッカーのために生きている。ボールを壁に向けて蹴ったり、転がしたり、試合の録画を見て、ミスを修正して、より正確なプレーを求めていく。試合中の自分のプレーの様子を客観視することは、とても重要なことだ。

自分の映像に加えて、他の選手のプレーを見て研究する。そして、取り入れるべき優れた部分はその選手を真似てみたりもする。フリースタイルの競技会を見たりするのも大好きだ。プレーやドリブルのテクニックを磨くために、応用の効くアイデアがあるんだ。

成長するたびに人の好みは変わるものだけれども、僕は好きなものが次々に変わっていくようなタイプじゃない。オフでリラックスしている時も、僕の歓びはサッカーと共にある。だから、チームが負けてしまったり、良いプレーができなかった時は、家に閉じこもっちゃうんだ。

そういう時の僕は、ビリヤードをやったり、パソコンのゲーム、トランプをやったりする。部屋の片隅で静かにしていることが多い。時には、オンラインゲームのサッカーをしたりもする。無理に外に出ていくよりも、落ち込んだ気持ちを家の中でじっくり受け止めているほうが、むしろ解決は早いのかもしれない。諦めもつくし、気持ちも落ち着かせることができるからね。

反対に自分のチームが勝つと、思いきり大喜びしてしまうんだ。友達と一緒に踊りに行ったりする。でも僕は、静かに楽しむタイプ。踊るよりも聴いて楽しむほうだね。ファンク、そしてサンバのリズムをベースにしたブラジリアンポップスのパゴージ[*18]や、ブラジルのカントリーミュージックであるセルタネージョ[*19]、そしてブラックミュージックとかゴスペル。何でも好きだね。音楽なしでは生きられない。僕の叔母の一人が歌手で、もう一人の叔父も音楽関係の会社で働いている。僕の祖父と祖母もみんな音楽が大好きだった。

そんな環境に育ったから、音楽は聴くだけじゃなくて歌うことも大好きだ。でも、実は歌はヘタクソなんだ（笑）。身内に歌手だっているのに、そこは遺伝しなかったらしい。仲間とカラオケに行くこともあるけれど、よく音程を外してしまう。それでも歌うのは最高さ。音程のずれた歌を聴くのが嫌な奴は出ていけばいい。……まあ、実際、歌ってる僕のそばからはみんな離れていくんだけれど（笑）。

「タトゥー」に刻んだ親愛なる者たちの名前と祈り

僕は旅が大好きだ。知らないところを訪ねて、別の文化に触れる。でも、移動そのものは好きじゃない。飛行機の中で長時間過ごすことは、はっきり言って苦手で耐えられない。だから飛行機に乗ったらとにかく寝ることにしている。それこそ天使のように（笑）。

ある時、乱気流に見舞われて、乗っていた飛行機が大きく揺れたことがあった（らしい）。乗客の中には神に祈ったり、泣きだす人もいたそうだ。でも、僕は何も知らずに眠り続けていた。一緒にいたクラブの仲間は、その騒ぎが落ち着いた頃に僕を起こしてくれた。仲間の何人かが泣き顔をしていたから、何かあったのかと尋ねたんだ。するとみんなは僕を怒るんだ。あまりにのんきに寝てたことに腹が立ったんだって（笑）。

僕には素晴らしい友達がたくさんいる。チームメイトたちだけじゃない。彼らは僕の永遠のパートナーだ。

4～5年前に知り合ったばかりのヤツもいるし、ずっと一緒にサッカーをしている仲間もいる。学校に行きだした頃からの友達もいるけど、今になっては少ないかな。自然に行き来しなくなってしまうものだしね。僕の生活はとても忙しいから、気軽に友達と会ったりすることがなかなかできない。でも、今の僕の周りにいてくれる友達はとても大切な存在だ。真の友人であり、この関係は永遠に続いていくと思う。僕はできるだけ長く、彼らと一緒の時間を過ごしたいと思っている。

彼らといる時はいつも互いに冗談を言い合ったりしている。僕にも何本かは彼らを笑わせる傑作なネタがあるんだけれど、友人たちは、「全然大したことないし、同じネタを繰り返すだけじゃないか」と辛口だ。でも、同じことを言って笑い転げている僕のことを知っているってことは、それだけ彼らは僕と一緒の時間を共有してくれているってことでもある。ジョークの評価も含めて、いちばんの理解者だよ。

他にも僕の興味をそそるものはたくさんある。サントスの岸辺をサイクリングするのも最高の時間だ。よくベレー帽をかぶって自転車に乗る。練習場まで自転車で行くこともあったけど、僕を発見しても、街の人たちはとてもリスペクトしてくれる。変に騒ぎ立てたりせずに、そっと見守っていてくれるんだ。ある時、友人と一緒にビーチでリモコンカーで遊んでいた時も、距離をとってそっとしておいてくれた。プライベートの時間であることを大事に考えてくれたんだろう。

僕のことをよく知っているファンならわかっていることだろうけれど、僕はタトゥーを楽しんでいる。もう、何度やったかわからないくらいだ。サントスのショッピングセンターにあるタトゥースタジオに行った時には、その店に大きなショーウィンドーがあったせいで、僕がタトゥーを入れている様子が丸見えになってしまい、大勢の見物客が集まってしまったこともあった（笑）。

タトゥーを体に刻むこと自体は、けっして気持ちの良いものではないけれど、刻まれた文字にはそれぞれ意味と祈りがある。僕の腕には、息子の名前「ダヴィ・ルッカ」と彼の生年月日である「２０１１年８月24日」が入っている。そして、首の辺りには、「ブレッシング（神の祝福）」のメッセージ。左腕には母の名前「ナジーネ」、妹の「ラファエラ」の名は右腕に彫ってある。左手首には「デウス・イ・フィエゥ（神と信心）」、左くるぶしの少し上には「オウサディア（大胆さ）」の文字がある。その裏側には「アレグリア（歓び）」だ。右腕には「王冠」のマークも刻まれているな。他にも「ハート」と「無限のシンボル」、聖書の「コリント人への手紙」の一節も入っている。

そして胸の下には、僕の偉大なるアイドルでもある、父の名前「ネイマール」が刻まれているんだ。

9 息子と語らうことが私の教育である

父親が子どものそばにいて教育できる期間は短い

私が人生を通じて最も大切にしてきたことは、常に謙虚であれということだ。

ネイマール・ジュニアに対して私は、いつも試合以外の場でそれを教えてきたつもりだ。父親が子どものそばにいて教育できる期間というのは極めて短い。その時間を存分に使って子どもをしっかりとしつけることは、父親の務めだと私は思っている。

ジュニーニョは今風なルックスというか、私から見れば、極めて大胆かつ奇抜な格好をよくしている。しかし、外見はともかく、一人の人間として性根の据わった、常に両足をしっかりと地面につけた男であれと教育してきたつもりだ。幼かった頃は、今以上に厳しく指導してきたが、彼はすでに大人であり、子どもを持つ父親でもある。彼自身、人生において何を選ぶべきかの選択もよくわかっている。

とはいえ、あの派手な出で立ちはどうだろう。将来を嘱望された子どもの時から、サントスＦＣの時も、そして現在も、多くのファンから追いかけられてきた。目立ち過ぎるせいかもしれない。ピッチ内外で「派手過ぎるアクセサリーはなるべく使わないように」と忠告してはいるのだが……。

息子に対して何かを禁止することを私はできればしたくはない。「ノー」ということは多くの場合、愛情の裏返しでもあるのだが、私はなるべく「ノー」という制限をすることは避けてきた。何事であれ経験を重ねることはとても重要だからだ。

ジュニーニョは、ピアスやタトゥーをする。それもかなり目立つものを。それを彼はまったく問題とは思っていないし、むしろ「ビジュアルにこだわっているんだ」と言う。世代的なギャップもあるのだろうが、この点が私にはなかなか理解できない。

私は彼のビジュアル面でのこだわりが、彼のプレー内容自体よりも目立ってしまうのではないかと危惧している。それはサッカー選手としてけっして良いことではない。サッカーを生業《なりわい》とするプロ選手である以上、クオリティはピッチ上での活躍によってのみ示されるべきだと思う。

個性を持つことは素晴らしいことだ。しかし、それは個人主義や自分勝手を礼賛するという意味ではない。そのことを私はジュニーニョに対して口酸っぱく伝えてきた。きっと彼はそれを理解してくれている。外見の個性はともかく、彼がサッカーという団体競技の中で頭角を現せたことはその証拠だ。

彼は、誰かを押しのけてでも上になろうなどと望んだことはないし、チームメイトや相手チームの選手を見下すような発想はない。この謙虚さが、仕事においても人生においても成長していくために不可欠な姿勢であるのだ。

私が彼に叩き込んだのはこの価値観だ。時に耳を引っ張るなどして、悪いものに興味を示しそうになるネイマール・ジュニアを正しい方向へと戻していった。

私が彼を教育したのは、フットサルのゲーム、そしてバイシャーダ・サンチスタでの試合に向かう道中、バスでの往復や、時には私のオートバイの後ろに乗せた時のことだ。私はいつもジュニーニョと会話をしてきた。彼の振るまいがどうであったのか、サッカーでチームとしてしなければいけないことと、してはいけないこと、そして試合の前と後には私なりの分析を彼に伝えてきた。

試合とは常に勝つとは限らないものだ。イラついていたり、サッカーに対して不真面目であったら、どんなクラッキであろうと良いプレーはできない。格下の相手を見て「すでに勝ったな」などというおごった精神でピッチに立つことは言語道断だ。傲慢《ごうまん》は敗北を引き寄せる。それはサッカーという競技だけでなく、人が生きていくうえでも同じことが言えるだろう。それをジュニーニョとの会話の中で語らってきた。

私はけっして息子の機嫌をうかがうようなことはしなかったし、ただ褒《ほ》めるだけのようなこともしなかった。優しくするだけなら簡単なことだ。しかし、父親とは子どもの頭をなでるだけの存在ではない。厳格に、しっかりと道を示してあげる役目を担わなければならないのだ。

目先の結果にとらわれず、将来を見据えるには

私は、CETで働いていた時のことをけっして忘れない。この会社で私は仕事についての取り組み方を大いに学ばせてもらった。

女性トイレの掃除をさせられたこともあった。入社する際の仕事内容にそれは明記されていなかったし、私から望んだことではなかった。そもそも私はこの会社で車の仕事がしたかったから入社したのに、なぜ意に沿わぬ仕事をさせられなければならないのか。

だが、それは私の傲慢だった。その会社での仕事は車に関するものだけではないのは当然である。頭を切り換えて、私はすべてをきれいに磨き上げた。自分が望んだものではなかったとしても、与えられた仕事には本気で向き合い、努力して遂行する。仕事とはそう

いうものだということを私は学んだ。結局、私は1週間その仕事を続けていた。トイレ掃除のチーフになろうと思うほど熱心にこなしていたのである。

謙虚な気持ちを常に持つこと、そして、どんな仕事に対してもリスペクトを持って取り組むこと。私は車の仕事をしたかったが、その目的に到達するためには、たとえ希望したものではなかったとしても、眼前の仕事にまずは全力で取り組まねばならない。そこで評価されることは、目的への第一歩にきっとつながるはずだ。

常に今与えられた自分の場所でベストを尽くすこと。それは常に私の人生の目標であり、子どもたちに伝えてきた大切な教えとなっている。

ネイマール・ジュニアが7歳ぐらいの頃のことだ。サントスにあるフットサルチーム、「グレメタル」での練習で、彼は利き足ではない左足でシュートを放ったことがあった。ゴールポストを大きく外れたのを見て、コーチのベッチーニョは、息子にこう注意した。

「あの状況では、強く蹴ることができる利き足で蹴ったほうがいい」

息子にとっての利き足である右足を使うように指示したのだった。私は、ベッチーニョの指導に全幅の信頼を置いているが、この指示については正反対だった。そこで、練習後に私は、ジュニーニョにこう説明した。

「あの状況なら、おまえがやったようにボールを受けた左足のシュートが正しい。利き足じゃない左足で受けても、利き足より力が弱いからといって左足でシュートするのを恐れてはダメだ。一度シュートに失敗しても、さらに2回、3回と、正確に強く打てるようになるまで続けるんだ。もしかしたら、利き足でない足のほうが強いシュートを打てるようになるかもしれない。練習を重ねれば、どちらの足でも使えるようになれるんだ」

ベッチーニョとも話をした。そこで私は、ネイマール・ジュニアのためには、利き足でない足でもシュートさせたほうがいい、と主張した。仮にシュートが外れたり、方向違いにボールが飛んだとしてもかまわない。7、8歳の時に覚えるべきなのは、努力を忘れてはならないということだ。力が弱いのであれば、そこを鍛え上げること。新たな方法を学ぼうとする気持ちが重要なのだ。リスクを恐れずに何度も挑戦すること。それはピッチの中だけでなく人生においても大切なことだ。

ベッチーニョは優れたコーチであり、しかも謙虚な人物でもあった。私の提案にも柔軟に対応してくれ、早速、その考えを息子とその他の子どもたちへの指導に取り入れてくれた。私の干渉を受け止めてくれたベッチーニョにはとても感謝しているし、正しいと彼が感じたことであれば即座に軌道修正してくれる柔軟さも、私は大いにリスペクトしている。

ジュニーニョは、それ以来、左足を使って練習するようになった。左足でシュートを打つというリスクを彼は積極的にとっていった。当然、多くのミスもしたが、やがて利き足と違《たが》わぬほどの正確なシュートを放てるようになった。

２０１３年、マラカナンスタジアム[20]で行われたコンフェデレーションズカップ決勝のスペイン戦でのゴールは、まさにその結実である。オスカル[21]からの素晴らしいパスを受けたネイマール・ジュニアが、スペイン代表ＧＫのカシージャスが守るゴールに向けて左足を振り抜いて、見事にゴールネットを揺らしたのだ。このゴールの原点は、まぎれもなく、グレメタルでベッチーニョのもとでやっていた左足シュートの練習にあったのだ。

父親であることだけでは不十分だ

プロフェッサー、マエストロ、指導者、インストラクター、本質を教える人――。

その資格には様々な呼称があるが、私は２００９年、スポーツ学の資格を取得するために大学の体育学部の試験を受け、入学した。サッカーやスポーツについて深く理解することで、さらに意義のある方向からジュニーニョを教えたい。そのためには父親であることだけでは不十分と感じ、もっといいかたちで息子の成長に付き添いたいと考えたのだ。

息子に対して過度な要求をするには大きな忍耐力が必要だ。ましてサッカーを息子ほど理解していなかったら、要求自体が意味を失ってしまう。私が指導者としてよりサッカーを理解し、指導について習熟する必要があった。チームの批判をしたり、スタジアムでラッパを吹いて息子を応援するのもサッカーの一部であるが、時にそれは役に立たないことでもある。

私はジュニーニョに、「試合から逃げるな」と言い続けてきた。そのためにはピッチ上でよく動くことが必要だ。息子はその教えを守り、たとえ満足のいくプレーができない時も試合を捨てるようなことはしなかった。劣勢であってもボールの後を追い続け、チームメイトのサポートにまわることも辞さなかった。

私は信頼する人間のことは全力で支持したいと思っている。それは息子に対してだけの話ではない。サッカーを愛するすべての人が対象だ。

2010年のある日、フランスW杯の準優勝メンバーにも名を連ねた、ジオヴァンニ[*22]がサントスFCでプレーした最後から2つ目の試合を観ていた時のことだ。

そこにいたサポーターの一人が「ジオヴァンニ、動きが遅すぎるぞ！」と痛烈な野次を飛ばしたのだ。ジオヴァンニはサントスFCの歴史をつくってきた、クラブを代表するクラッキである。彼の刻んだ偉大な歴史に対するリスペクトがまったく感じられない暴言を私は許すことができず、スタジアムの隅で、暴力に訴えることこそなかったが、そのサポーターと激しく言い争ったことがある。

ジオヴァンニはサントスFCで私が見てきた偉大な選手の一人だ。2009年にジュニーニョがサントスFCの一員として、「モジ・ミリン」に所属していた彼と対戦した時は、あまりの感激に胸が熱くなったものだ。試合後、同じピッチに立った者として、息子はジオヴァンニと堂々と挨拶を交わした。世代を超えた素晴らしい出会いを目の当たりにすることができたことを今も私は誇らしく思っている。

しかも、息子が才能を開花しはじめた頃、ジオヴァンニはサントスFCで活躍し、代表にも選ばれ、そして1996年からはFCバルセロナへと活躍の場を広げていった。進化していく2人を重ね合わせ、私は素晴らしい感動を感じたものだ。そんなジオヴァンニが軽視されるのを私は、黙って見ているわけにはいかなかったのだ。

ジュニーニョがサントスFCの下部組織に所属していた頃、私は息子が出る試合はすべて見るようにしてきた。アウェイのスタジアムでの試合では相手チームのサポーターばかりであり、サントスFCを応援していたのは、私とCET時代の友人・ゼフェリーノだけのことが多かった。私と彼だけが、やがてジュニーニョが優れた選手となることを知っていたということだろう。

ゼフェリーノはＣＥＴの前でバーを経営していた男で、若い頃にはサッカーをやっていたそうだ。サッカーという共通項があったため、私と親交を深めていったのだが、ジュニーニョがサントスＦＣの下部組織でプレーすることになり、さらに親しさを増していった。それ以来、ゼフェリーノは私と共に試合会場を訪れた。サンパウロ市内での試合では、いつも私を車で乗せていってくれたものだ。

家を出る時刻はいつも余裕を持って早めに出ることを心掛けていたが、試合によっては朝９時から始まるものもある。それでも私は試合開始に遅れることはなかった。逆にあまりに早く着きすぎて、サントスＦＣのクラブバスよりも早く到着することや、スタジアムの開門前に着いてしまうことさえあった。

私は基本的に極端なことをしない人間だが、早朝の試合がある時は、用心に用心を重ね、朝５時にゼフェリーノを電話で叩き起こして「絶対に遅れないように！」と釘を刺したことがあった。スタジアムへの道に迷うことも案外あったからだ。特にサン・カエターノ、マウアー、バルエリといったスタジアムに関しては、その近くに住んでいる住民でさえ場所の説明ができないことが多い。度を越した用意周到さに呆れる人もいるかもしれないが、おかげで時間に遅れるということは私の辞書にはないこととなった。

10 国中の注目を集めた僕のデビュー戦

サントスFCの黒いストッキングが、とても美しく輝いていた

２００９年３月７日、僕は、サントスＦＣのトップチームでプロとしてデビューすることができた。パカエンブースタジアム[*23]で行われたパウリスタ選手権[*24]（サンパウロ州選手権）での「オエスチ・ジ・イタポリス」戦がその舞台だ。父さんはその日までこう言っていた。

「ジュニーニョは、私の息子だ」

でも、その試合後からは、こう言うようになった。

「私は、ネイマール・ジュニアの父だ」

父さんは僕のデビューを最高にリスペクトしてくれた。僕がプロ選手になるまで育て上げたことを誇りに感じると言っていた。僕がこれからやっていくことは、父さんがプロとして成し遂げられなかったことへの挑戦だ。

父さんがプロ選手となった者に対して要求していることが、とても高いことはよくわかっている。それに僕は絶対に応えていく。なぜなら、父さんはこれまで、それ以上のことを僕や妹に対して与えてきてくれたからだ。

僕がデビューしたことで、父さんがそれまで感じていた大きな重荷をとり除くことができたことも、よく理解している。僕以上に父さんは、この日を目指して準備を進めてきていた。一人の子どもをプロのサッカー選手に育て上げるなんてことは、そう簡単なことじゃない。もちろん、僕自身ものんきそうに見えて重責を感じていた。父さんと一緒に、小さい時から見てきた夢がかなった瞬間だったわけだから。

家族がそれまで過ごしてきた様々な苦労を考えれば、僕のデビューは家族全員で勝ち取った大きな勝利でもある。ピッチに立った時の幸福感は言葉では表せないものだった。自分の足元を見ると、憧れのサントスＦＣの黒いストッキングが、とても美しく輝いているんだからね。

前にも話したことだけれど、僕が13歳の時、レアル・マドリードからのオファーを断ってサントスＦＣに留まったこともあって、それ以来、ブラジルでの注目はさらに高まっていた。プロデビューに対しては多くのチャットが行われたし、求められるレベルも非常に高かったけれども、それは期待の大きさの表れだと思っていた。すべてのメディアが僕に注目していたし、サンチスタたちの期待も大きかった。ロビーニョ、ジエゴ[*25]に続く新しい世代の選手が生まれることを、誰もが待ち望んでいたんだ。

ペレと自分を比較するなんて畏《おそ》れ多いことだけれども、僕のデビューの日だけは父さんも「王様」と比較するようなことを口にしたものだ。キング・ペレがデビューした時でさえ、僕が囲まれたほど多くのメディアは集まらなかったんだって。ヴィラ・ベルミーロで育ったどんな選手たちも、これほどまで騒がれたデビューじゃなかったみたいだ。

僕がレアル行きのチケットを受け入れなかった以前から、ブラジルのみんなは僕のことを知ってくれていた。下部組織の試合に出る時だって、必ず一度はファンと一緒に写真に収まっていた。U-13、U-15の試合に出場した時も、僕が父と話すためにフェンスに近づいていけば、必ず誰かが僕と一緒に写真を撮りたがる。13歳の下部組織の選手では考えられない歓待だった。

2009年はサントスFCの再建時期だった。だから、デビューするタイミングとしては、普通のタイミングよりも責任は重かったし、それを選択した指揮官にしても、ある種の賭けだったと思う。

ヴァグネル・マンチーニ監督[26]は州選手権第６節から就任したので、まだ5試合しか戦っていなかった。スタートは非常に好調で、第10節では２０００年以降、州選手権で破ったことがなかったサンパウロＦＣに1対0で勝利していた。この試合を僕はずっとベンチで観ていたんだけれども、改めてファンの愛情を強く感じた。観客席からは、僕をピッチに立たせるように、監督に対して強い要求の声が発せられていた。僕を熱望してくれているファンがこんなにいるなんて！　その時の感激は今でも忘れられないし、彼らの熱いメッセージが、経験の浅い僕を早々にピッチに立たせてくれたんだと思っている。

土曜日の夜、試合は19時10分に始まった。僕は後半の15分からの出場となった。コロンビア人ミッドフィルダー（ＭＦ）のモリーナ[27]と交代したんだ。スタジアムには約2万４０００人もの観客が集まり、まるでお祭り騒ぎのようになっていた。サントスＦＣがサンパウロ市内で試合をする時は、いつもこんな熱気に包まれるんだ。それまでリザーブとしてベンチに座っていた僕が、ピッチに入った瞬間、責任という言葉では足りないくらいの重たい感情に僕は支配された。

ファンのみんなだけじゃない。チームメイト、コーチや首脳陣、さらにメディアや相手チームの選手たちも、きっとこんな気持ちでいたんだと思う。

「ネイマール・ジュニアは噂されているような選手なのか？　じっくりと見てやろうじゃないか」

そのような状況の中、プレーすることのプレッシャーは相当なものだ。僕にとって極めてタフな状況だったけれど、父さんにとっても想像以上に重圧がかかる時だったんじゃないかな。

最初のプレーで僕はいきなりシュートを放った。残念ながらバーを叩いてしまったんだけれど、観衆からはさらに大きな声援が沸き起こった。あと少しで得点が決まるところだったんだ。でも、シュートの出来不出来は関係なかった。勝利することが何より重要だったから。

結局、その試合は2対1で勝利することができた。僕は祝杯代わりに友達とケーキを食べに行った。デビュー戦を僕は最高に楽しむことができたんだ。

父さんはこのプロデビューの日以来、僕が過度な批判をされても、それは個人的な要求にすぎないんだ、と受け流すようになった。ただ、僕のプレーに技術的にも戦術的にも問題がなくても、自分が納得できないことに関しては、父さんは厳しく批判のコメントを言った。父さんは昔からそうだったな。

次の試合は、僕らのホームでの試合だった。

初めてのホームの試合は、デビュー戦とはまた違った意味で心に残っている。相手は「パウリスタＦＣ」。僕はＤＦのドミンゴスに代わって後半から出場することになった。その日の僕には大きな目的があった。それはゴールを決めることだ。「ペイシェ（サントスＦＣの愛称。魚の意）」のユニフォームで、これから先もたくさんの得点を決めることになると確信はしていたけれども、まずは最初の得点をなるべく早く決めたかった。サントスＦＣの一員として最初の得点を決めて、早くチームメイトやサポーターの期待に応えたかったんだ。及第点のプレーをすることはできたけれど、結果は1対1の引き分け。初得点と初先発はまだお預けだった。

初ゴールはサントスを心から愛していた祖父に捧げた

記念すべき初得点は、２００９年3月15日の日曜日の夜、パカエンブースタジアムでのモジ・ミリン戦でのこととなった。僕はその時、17歳だった。この日、ガンソ[*28]がまずは先取点を決めていた。ガンソのシュートはバチバチと音を立てるような勢いで決まった。後半開始12分のことだった。

試合は僕らのコントロールのもとで進んでいた。ロニが23分にヘディングで追加点を決めた。さらにその後の27分、左サイドから僕らは攻めた。ロニが左サイドから中央へクロスを上げた瞬間、僕はフリーだった。頭からクロスボールに飛び込んでいったんだ。ダイビング・ヘッド。僕のシュートは、ゴールに吸い込まれていった！　僕のプロ初の得点だ！　これで試合は3対0。サントスＦＣの完勝だった。

この時、あいにく父さんはスタジアムにはいられなかった。だから、電話で伝えたんだけれど、声が踊っていた。大笑いして喜んでくれていたよ。

やせっぽちな僕だけど、サントスＦＣの美しい白いユニフォーム、背中の7番をつけた自分があの時、とても誇らしく思えた。背番号「7」は、実はサントスＦＣの下部組織の時からつけている番号と同じで、僕にとってはとてもなじみのある数字だ。この番号は結局、リマコーチが僕に「何番をつけたいのか」と尋ねるまで背負うことになった。もちろん、僕がつけたいと思っていたのは11番だ。セレソンでロマーリオがつけていた番号。ロマーリオはこれまで所属した多くのクラブで11番をつけていた。

面白い話がある。僕に何番をつけたいかと聞いたリマ本人こそが、実はサントスで最も長い間、11番をつけてプレーしていた選手だったんだ。僕の父はいつもリマのことをとても素晴らしいプレーヤーであり、とても現代的な選手だと話していた。中盤でボランチをやったりサイドバックをやったり、実際にすべてのポジションを任されていた。その彼が僕にサントスの11番を与えてくれたというのも、何かの導きだったのかもしれない。

僕のプロデビューを心待ちにしていたのは、父さんだけじゃなかった。祖父のイルゼマールも父さんと同じくらいサントスFCを愛していたし、僕がそこでプレーすることを望んでいた。祖父はペレの大ファンだった。その影響で、僕も小さい時からペレのビデオを見ることになった。極めてレベルの高いプレー、量産されていくゴール、そして、ブラジル中からの多くの賞賛。父さんもペレのことを話しだすと止まらない。ペレはこの国でサッカーを志す者にとって唯一無二の存在だったんだ。

とても残念なことだけど、祖父は僕のデビューを見ることなく天国へ旅立ってしまった。僕がトップチームで活躍する少し前のことだ。

だから初ゴールの瞬間、僕は高々とジャンプして右のこぶしを思い切り空中に叩き付けるパフォーマンスをした。これは祖父が敬愛したペレのパフォーマンスだ。この得点はファンや父さんを喜ばせただけじゃなく、きっと天国の祖父にも届いたことと僕は確信している。あのゴールは僕だけのものじゃない。彼らのものだ。そして、これから僕が決めるゴールは、すべてサントスFCサポーターのものになる。

醜いゴールなんて存在しない。醜いのはゴールを決めないことだ

すべてのゴールは、説明できないような感情を選手に与えてくれる。それが試合を決定づける場面、あるいは優勝を決める得点。クラシコ（伝統の一戦）での得点、ゴラッソ（スーパーゴール）なら格別だけれども、敗戦でありながら意地を示す得点や偶然入ってしまったゴール、どちらの足に当たろうと、どんな瞬間に決まろうと、ゴールはゴールだ。格好悪いゴールなんてものは存在しない。

父さんが大好きな言葉だけど、ダリオ・マラヴーリャ[*29]という1970年代から80年代に活躍したブラジルの偉大なゴールゲッターはこう言っていた。

「醜いゴールなんて存在しない。醜いのはゴールを決めないことだ」

まさにそのとおり。サポーターにとってもゴール以上にうれしいものはない。選手なら誰でもサポーターだった時期があるはずだ。あるいは僕のように選手であってもサポーターの気持ちを持ち続けている者もいる。観客席にいた頃の自分がまだ僕の中にはいる。

それが今の僕はピッチに立って、自らゴールを決めることができる。こんな素晴らしいことはない。ゴールを決めた時は、たまらなく幸せな気分になって、頭がおかしくなったように喜んでしまう、そして走り回る！　実にファンタスティックだ。いつも味わいたい感覚だよ。

でも、そこで浮かれてばかりじゃダメだ。どれほど幸福な気分であっても、常に相手チームとそのサポーターに対してリスペクトすることは忘れちゃいけない。相手がいて初めてゲームができるんだから。

まだまだずっと先のことだろうけれども、僕にとって、最後のゴールはいつになるんだろう。想像したくないな。どこで、いつ、どのチームを相手に決めるのか……でも、やっぱりそんなことは考えたくはない。その時が来たとしても、おそらくそれが最後のゴールになるなんてその時は思いもしないだろうな。

11 勝利への渇望をいかに彼は生み出しているのか

ジュニーニョが練習場に現れるのは、いつだって誰よりも早い

ネイマール・ジュニアの人生はサッカーボールと共にある。そして、彼には才能だけでなく、強いアスリートが持たなければならないものがすべて備わっている――これは彼のメンタルを担当する女性医師の言葉だ。

サッカーをする時には、様々な感情が湧き起こる。試合に勝利して歓び、負けて悲しむ。神が与えてくれた才能と共に、ジュニーニョには生まれつき「ボンタージ（やる気）」があった。プレーする歓びと勝利を求める強い思いだけでなく、彼は人気者になる要素を元来持っていたと言えるだろう。

ジュニーニョには、インスピレーションを与えてくれる偉大なる師匠たちがいる。メッシ、クリスティアーノ・ロナウド、シャビ[*30]、イニエスタ[*31]、ロマーリオ、リヴァウド、ロナウド、ロビーニョ、ジダン[*32]――。これらのクラッキ以外にも、多くの名前が挙げられる。

逆に、ネイマール・ジュニアのことを手本にしている者も少なくはないだろう。そうした人々のためにも、息子は常にしっかりと準備をして試合に臨まなければならないが、けっして厄介なことではない。ピッチ上で行わねばならないことについて、彼はそのすべてに歓びと愛情を感じているからだ。

好きなことをやっているのであれば疲れなど感じない。練習でも試合でも、ジュニーニョを疲労困憊させることはまずない。多くのことを課したとしても、モチベーションを持っていれば、息子たちくらいの年齢の子どもたちは疲れ知らずにそれを遂行できるのだ。ジュニーニョが練習場に現れるのは、誰よりも早い。いつでもスタートできる準備ができているし、その時を待ち望んでいる。新しいプレー、ドリブルやシュートの技術を磨くためには、彼はいつまでだって芝生の上にいることをいとわないのだ。

サッカースタジアムこそが、ネイマール・ジュニアが幸福かつ夢中になれる場所だ。自身の中にあるものを最大限に活かせる場所であることをよく理解している。そこでするのが練習であれ公式戦であれ、スタジアムは彼にとって2番目の我が家なのだ。

「練習は練習、試合は試合」と区別して考えることはない。常に本気でプレーするのが彼の流儀だ。

サッカーは戦いではあるが、戦争ではない。サッカー選手はピッチ上で戦い、汗を流し、ベストを尽くさなければならないが、本気で戦うことを、相手を文字どおり「攻撃」することとはき違えてはならない。大事なのは、自分のチームにとってできるだけ良いかたちで、自分に与えられた仕事を遂行することなのだ。

常に私はジュニーニョに対してこう言ってきた。

「練習を怠ければ、試合途中で体がもたなくなってしまう。練習であっても常に物事には全力で向き合わなければダメだ。一つひとつの試合、そして、一つひとつのプレーをがむしゃらにやるんだ。けっして立ち止まることなく、端から端まで走り回るんだ」

息子はそれをきちんと実行してきたのだ。

クラッキである以前に、素晴らしい人間でなくてはならない

息子のプレースタイルに関しては様々な意見が出るが、中でも「ネイマール・ジュニアはピッチ上でよく倒れる」との指摘には反論をしておきたい。

ジュニーニョは確かにプロサッカー選手としては華奢な部類に入るだろう。だから倒されやすいのかと言えば、そんなことはない。けっしてフィジカルが弱いわけではない。

柳の枝を思い浮かべてほしい。細く華奢ではあるが、あのしなやかさによって、強風に襲われようとも衝撃を受け流すことができる。ジュニーニョが相手選手との接触の際に、倒れたり、時に飛び跳ねたりするのは、その原理に近い。空中であれば衝撃をもろに食らうことは避けられるから怪我のリスクは低くなる。攻撃的なフォワード（ＦＷ）の選手にはいつも厳しいマークがつくものだ。そんな中をドリブルで突き進んでいくことの代償はあまりにも大きい。彼はそれも計算しているのだ。

プレー中にはそうした激しい場面もあるが、あくまでもプロとしての本気の表れとしてである。選手たちは試合前、互いに礼を尽くし、共に国歌を歌う。相手チームのすべての選挙とレフェリーが、ネイマール・ジュニアに対してまるで兄弟のように、誰もがリスペクトを持って接してくれる。それは彼の才能やプロフェッショナリズムによるものだけではない。彼の持ち前の謙虚さに対してのものだ。

ネイマール・ジュニアはサッカー選手としての成功を手に入れたと言えるが、うぬぼれることはなかった。私には理解できないヘアースタイルをするし、奇妙に映る言動もあるが、それは成功による慢心からではない。彼は常に重い責任感を感じながらここまでやってきた。だからこそ、たくさんのタイトルを獲得できたのだ。

ファンからのものはもちろん、自分と同じ選手から受け取る愛情やリスペクトは、最大のエネルギー源だ。そのためには、クラッキである以前に素晴らしい人間でなければいけない。それを忘れることがないよう、私は幼い頃から彼をしつけてきたつもりだ。

ネイマール・ジュニアはサッカーのためだけに生きているのではないし、サッカーがあるから生きているわけでもない。私たちの人生とは、もっと多面的で豊かなものなのだ。

＊10 **ジト**　60年代、ペレと共にサントスFCの黄金期を築いたレジェンドの一人。サントスFCの下部組織コーチとして、子どもたちの指導に当たる。

11 **リマ**　ジトと同じく、サントスFCのペレ時代のレジェンドの一人。95～98年まで横浜フリューゲルスでプレーしたサンパイオもリマに育てられた選手の一人。

＊12 **カカー**　サンパウロFCからACミラン、レアル・マドリードでプレー。06年ドイツW杯ではロナウジーニョ、ロナウド、アドリアーノらと共に「クアルテット・マジコ（魔法の4人組）」と呼ばれる攻撃陣を形成。ACミランに所属。

＊13 **ルーカス**　ネイマール・ジュニアと同年代。ポジションはMFあるいはウイング。サンパウロFCで頭角を現し、12年にはパリ・サンジェルマンへ移籍する。

＊14 **パト**　17歳でパルメイラスにてプロデビュー。試合開始後1分でプロ初ゴールを記録。07年、18歳でACミランへ。08～10年まで大活躍をするが、その後の2シーズンは怪我に泣かされ、13年にブラジルのコリンチャンスへ戻る。

＊15 **ヴァンデルレイ・ルシェンブルゴ**　ブラジルの数々のクラブの監督を務め、98～00年まではブラジル代表監督を務めている。04～05年12月までレアル・マドリードの監督も務めた。

＊16 **マンジョッカ**　ブラジル料理にはよく使われる食材、英語名はキャッサバ。日本でも人気があるポン・ジ・ケージョ（丸いチーズパン）のモチモチ感は実はキャッサバ粉が入っているから。

＊17 **ファロッファ**　キャッサバ粉をバターとオニオンで炒めたもの。フェイジョアーダ（フェイジョン豆ごはん）にかけたり、ステーキと共に食べたり、ブラジルの食卓には欠かせないもの。

＊18 **パゴージ**　70年代後半～80年代初頭に、リオデジャネイロで生まれたサンバの一つの演奏形態。少人数で気楽に演奏するサンバ。

＊19 **セルタネージョ**　特にサンパウロ、ミナスジェライス、ゴイアス、パラナー、マトグロッソといった州で人気がある音楽。兄弟デュオのシタオゼーニョ＆ショロロなど、男性デュオで歌われることが多かったが、最近ではパウラ・フェルナンデス＆マリア・セシリアのような女性人気デュオグループも現れてきている。

＊20 **マラカナンスタジアム**　リオデジャネイロにあるブラジル最大のスタジアム。50年ブラジルW杯のために建設。決勝戦でウルグアイに敗れ、ブラジル国民を絶望のどん底に落とした「マラカナンの悲劇」は伝説となり現在まで語り継がれている。14年ブラジルW杯のために改築が行われ、近代的なスタジアムに生まれ変わった。14年7月13日のW杯決勝の地。

＊21 **オスカル**　オスカル・ドス・サントス・エンボアバ・ジュニア。サンパウロFCにて08年にブラジル全国選手権優勝を果たしている。11年U－20ワールドカップ決勝戦では3ゴールを決めて優勝に貢献。12年からチェルシーへ移籍し活躍している。

＊22 **ジオヴァンニ**　ジオヴァンニ・シウヴァ・ジ・オリヴェイラ。サントスFC（94～96年）で活躍し、FCバルセロナ（96～99年）、オリンピアコスでプレーし、ブラジルに戻りサントスFCで現役引退。ブラジル代表にも95～98年まで選出されている。たまたま故郷ベレンで休暇中に、草サッカーをやっていて当時16歳だったガンソを見出したことでも知られる。

＊23 **パカエンブースタジアム**　サンパウロ市内にある公共スタジアム。サントスFCはビッグゲームをヴィラ・ベルミーロでは行わず、このスタジアムで行うことが多い。歴史的なタイトルをこのスタジアムで獲得してきた。

＊24 **パウリスタ選手権**　別名、サンパウロ州選手権。サントスFCはシーズン前半を州選手権、後半に全国選手権を戦う。サンパウロ州のライバルチームは、コリンチャンス、サンパウロFC、パルメイラス。1～4部リーグまであり、1部リーグは20チームが1回のみの総当たりで戦い、上位8チームが決勝Tへ。上位チームのホームで1回戦い、決勝戦だけホーム＆アウェイ。

＊25　**ジエゴ**　ジエゴ・リバス・ダ・クーニャ。02年、16歳でサントスFCデビュー。02年、エメルソン・レオン監督の下、ロビーニョらと共にブラジル全国選手権優勝を果たす。その後、FCポルト、ブレーメン、ユベントス、ヴォルフスブルク、アトレティコ・マドリードで活躍を見せている。

＊26　**ヴァグネル・マンチーニ**　09年サンパウロ州選手権第6節までの段階でサントスは8位であったため、サントスはマルシオ・フェルナンデス監督を解任。その後を引き継いだのがマンチーニ監督だった。州選手権では良い成績を続けるが、決勝でコリンチャンスに敗れ、さらに全国選手権においても良い成績を出せず解任された。

＊27　**モリーナ**　マウリシオ・アレハンドロ・モリーナ・ウリベ。攻撃的MFで、元コロンビア代表。サントスFCで活躍後、Kリーグでプレーを続けた。

＊28　**ガンソ**　パウロ・エンリケ・シャガス・ジ・リマ。ガンソは愛称でありガチョウの意味。サントスのレジェンド、ジオヴァンニによって見出される。サントス下部組織で育ち、州選手権3連覇、10年コパ・ド・ブラジル、11年リベルタドーレス杯といった優勝に貢献。10年南アW杯メンバーに招集するべきだとブラジル中が議論となったが、結局、招集されずW杯後には10番をつけた。しかしその後、膝の怪我のため、代表から外れている。

＊29　**ダリオ・マラヴィージャ**　「ダダ」の愛称でよく知られた70～80年代に活躍した偉大なゴールゲッター。生涯926得点は、ブラジルの歴代最多得点ランキングで5位。

＊30　**シャビ**　11歳でFCバルセロナの下部組織に入団して以来、バルサ一筋の司令塔。スペイン代表としても、08年、12年の欧州選手権連覇。10年南アW杯優勝メンバー。

＊31　**イニエスタ**　シャビと並びFCバルセロナの下部組織育ちの攻撃的MF。スペイン代表として優勝した10年南アW杯、12年欧州選手権の両方で最優秀選手賞を獲得している。

＊32　**ジダン**　フランス代表の10番として、98年フランスW杯優勝に輝いたほか、クラブでもユベントス、レアル・マドリードで数々のタイトルを獲得。柔と剛を兼ね備えたプレースタイルで、特にドリブル中に繰り出す「マルセイユルーレット」は有名。愛称は「ジズー」。

第3章

スターへの道

12

名声を得た者が支払わされる「有名税」というもの

ショッピングセンターに一人で行った最後の日

前にも言ったかもしれないけれど、僕はどちらかというと物静かなほうだ。少し内気なところさえある。だから、一人で自分の世界に浸っているのが結構好きなんだ。でも、今は内に籠《こも》っている場合じゃない。サッカー選手としての名声を得たことで学ばなければならないことはどんどん増えてきている。

僕は18歳の時から、まるでアイドルのように多くの人たちに囲まれてきた。それは家族や友人、チームメイトの助けによって得たポジションであるし、彼らの支えがあったことをとても幸せに感じている。

また、僕が成し遂げたすべてのことは、サッカー選手という職業のことであれ、プライベートなことであれ、謙虚さとひたむきさがあってのことだと思っている。

注目が集まるようになると、出かけるたびにちょっとした騒動が起きたりする。気をつけるようになったのは、最近のことだ。僕を取り巻く環境が明らかに変わったと感じたのは、デビュー翌年の２０１０年、ある火曜日の午後のことだった。

サントスＦＣの練習場を出て、オーディオを買うためにショッピングセンターを訪れたんだ。駐車場に車を止めようとしていると、僕に気づいた人がいた。僕が車から降りると、すでに10人以上の人たちが周りを囲んでいた。

彼らは非常に紳士的だった。僕に対してリスペクトを払ってくれていることがよくわかったし、言葉を交わしたりもした。ハグしたり、サインをしたり、一緒に写真を撮ったりも。僕は全員に対応した。すると、いつの間にか駐車場には長蛇の列ができてしまった。あっという間に、駐車場も満車だ。僕はみんなにお礼を言って、帽子を目深にかぶり、急いでショッピングセンターの中に向かった。

でも、彼らはまだ僕を解放してはくれなくて大勢の人々が僕のあとをついてきてしまったんだ。

店内に入ると、もう大混乱になっていた。ショッピングセンターの警備員と店のオーナーがすぐに対応に追われ、店の入り口は急遽、閉鎖された。僕がお目当てのオーディオを買うと、店員は混乱を避けるために裏口の奥のドアから外に出させたのだった。

僕は、その状況が理解できなかった。何人かの女の子は、僕を見るなり泣きだしているし、僕と同じ髪型をしている少年たちもたくさんいた。僕の周りに集まってくれることは、とてもありがたいことだ。でも、正直、結構驚いたし、困惑することでもあった。

大混乱の後、警備員の一人から、「今度来る時はせめて平日にして下さい」と言われた。その日が、祝日であることをすっかり忘れていたんだ。大混乱を起こしたことを謝罪して帰ったんだけれど、結局、その日が、僕がショッピングセンターへ一人で行った最後の日となってしまったんだ。

これはつまり、名声を得たものが課せられる「有名税」の一つなんだろう。こんなことが、まさか自分に起こるようになるとはまったく想像もしていなかった。今ではもう慣れっこになったけどね。

テレビのあるショー番組に出演した時にも、こんなハプニングが起こった。

客席にいた女性が「あなたと話したいの」という合図を送ってきた。放送が始まって15分後、彼女は客席と舞台の間の柵を飛び越えて、僕のところに来たんだ。どのように越えてきたのかはわからない。僕のところへ来ると、いきなり抱きついてきた。まあ、笑いごとですまされるような話だったけど。

それと、２０１２年の1月だったかな、友達と一緒にビーチでフットバレーをしようとしていた時だった。気がついたら、人垣が何重にもできていて、コートの線が観客に消されちゃったんだ。まあ、それどころじゃなくて、そこからどうやったら脱出できるんだ？ってことを考えなければならなかったよ。

ある晩にはこんなことも起きた。

ファストフード店のドライブスルーに立ち寄って、レジに着く少し前に車のウィンドーを下げた。そうしたら、お店で行われていた幼児向けフェスタに来ていた一人の母親が僕に気づいたんだ。それを合図にあっという間に車の両側に人だかりができてしまった。特に小学生くらいの子どもたちがたくさん集まった。僕も子どもが好きだからサインを片っ端から書いて、一人ひとりと写真も撮った。

その時は面白かったな。お行儀のいい子どもたちの即座にできたサイン会から抜け出して、ようやく僕は夕飯のファストフードをゲットしたんだ。

ペレはファンの一人ひとりに優しく話しかけるんだ

ファンの気持ちを僕はよく理解しているつもりだよ。僕にとってけっして忘れられない思い出がある。キング・ペレとの出会いだ。

２００９年、合宿所で僕が寝ている時だった。外がやけにざわざわしているので僕は目が覚めた。すると、チームメイトの左サイドバックのトリギーニョが、大きな声で叫んでいた。

「おい、ペレがここに来てるぞ！」

僕はすぐに飛び起きて、もう一人のセンターフォワードのアンドレーと共にダッシュした。みんなペレのそばに行きたがって大変だった。あまりに感激して、声も出ないような状態だったよ。

ペレはみんなの王様だった。誰に対してもとても優しく接してくれ、一人ひとりと話もしてくれた。まるで友達のようにフレンドリーな話し方で。僕にとっては、同じ世界の人ではないような存在だからね。ペレは、まぎれもなくペレだった。

時々、僕はふと立ち止まって考えるんだ。スポーツ選手として多くの人が僕のもとに集まってくるけど、僕は何か特別なことをやっているのだろうか。

ただ、僕が有名だというだけで、僕が完璧な人間だと思う人もいる。でも、僕は誰よりも優れているというわけじゃないんだ。でも、ファンが僕を慕ってくれるのはとても素晴らしいいし、感謝している。それによって、僕はさらに責任を強く感じている。その愛情の大きさに応えるだけの人間にならなければいけないってね。

13

密着マークを受けるということ

おまえが30歳になるまでは、私はおまえのあとを付いていく

よく私はジュニーニョに冗談めかしてこう話している。

「いいか、おまえが30歳になるまでは、私はおまえのあとを付いていくぞ！」

さらに、こう付け加えるのだ。

「父さんのマークはとっても厳しいからな！」

人間として成熟したあとは、好きなように何でもやればいい。実際、ジュニーニョも子を持つ父親になっている。しかし、私にとっては依然として子どもだ。

ネイマール・ジュニアは、様々なファンたちに追いかけられている。子どもたちはもちろん、大人たちにも囲まれる。その中には女性も少なくはない。特に女性陣のマークはプロ選手ばかりだ。いとも簡単に接近してくる。私はジュニーニョをマークする彼女たちの列に付いていく。列の後ろだったり、横だったりするわけだが、常にそれができるわけではない。優れた選手を目指すのなら、まずは彼女たちのマークを上手にドリブルでかいくぐっていくスキルを持たねばならない。

いつも私はジュニーニョにこう言い聞かせている。

「まずは、おまえの望んでいること、おまえの夢見てきたことすべてを、ピッチの上でやるんだ。おまえのプロとしての夢を第一に考えろ。好きな人生を送るのはそのあとでいいんだ」

私もサッカー選手だったので、その世界のことはいろいろな面を見てきたし、どのようなことが起こるかもわかっているつもりだ。しかし、私の時代には、選手の「追っかけ」は、もっと少なかった。同時代にネイマール・ジュニアがプレーしていたら、もちろんクラッキになっていたと私は確信しているが、それでも今のような女性ファンによる追っかけはなかっただろう。


ただし、多くのファンに追いかけられることには、良い部分もある。特に子どもたちの憧れとなることは、素晴らしいことだ。

ジュニーニョのファンの一人に、11歳で脳腫瘍を患っている子どもがいた。彼の夢は、ネイマール・ジュニアと会うことだったそうだ。それを聞いた息子は、その子が入院している病院にお見舞いに行った。突然のスター選手の来訪に病院中が大騒ぎになったが、ジュニーニョはその少年に会い、語らい、涙を流しながら励ましたという。

幸いにもその少年は無事回復して元気になり、退院することができた。ネイマール・ジュニアは話題づくりのために彼のもとを訪れたわけではない。心から少年の闘病を応援したかったからだ。医療者ではないジュニーニョは病気の治療こそできないが、病気に立ち向かう心の強さや、不安を一掃させる歓びをもたらすことはできる。そのことを彼は理解しているのだ。

熱心に支持してくれるファンたちを裏切らないためにも、プロ選手は自らを律する必要がある。法的に禁止されていることに手を出したり、アルコールや薬物に走るなど、けっしてあってはならない。これは親の立場からも、自分の子どもが有害なものに興味を示してはいないか、非常に気になることであるし、目を光らせる部分である。

その点で私は落ち着いて息子を見ていられる。彼は法的に、またプロ選手としても禁止されているものを求めるような性格ではない。アルコールすら口にしないのだ。分別もよくわきまえている。ふだんは物静かな男であり、時には20代の若者らしくバカ騒ぎすることはあっても、それは家の中だけのこと。けっして度を越したものではないし、常識的なレベルのものだ。

プロのアスリートは、プレーがより早く成熟していくように、フィジカル的にも、また内面も早く成長していく。ネイマール・ジュニアもそうだった。彼はすべてにおいて早熟だった。父親になることも早かったのだが、彼は普通の人よりも成長するための最高のチャンスを与えられてきたということだろう。

我が家にいる、もう一人のクラッキ

神の恩恵で授かったジュニーニョとラファエラは、私の宝だ。道を外れることなく自覚ある人間に成長してくれたことに感謝している。

これまでの私はジュニーニョにつきっきりだった。ないがしろにしてきたわけではないが、ラファエラとはもっと長い時間をこれから一緒に過ごしたいと思う。現状では、それは相当困難なことだが……。妻と娘はブラジルで暮らしているが、私とジュニーニョはバルセロナにいる。一家４人でバルセロナに移住するという選択もあるのだが、悩ましい問題である。

離れ離れに暮らす私たちをつなぎとめてくれるのはラファエラだ。私の不在を彼女は常にポジティブにとらえてくれる。ラファエラはジュニーニョの成功の内なる立役者だ。彼女は私のことを人に尋ねられても、

「父ならばまたジュニーニョと一緒に廻っているわ」

と、さらりと受け流すことができる。兄が有名になっていく中で、しっかりと状況を理解して受け入れているし、極めて前向きに家族のあり方を考えてくれている。ネイマール・ジュニアの最大のサポーターの一人だが、彼女は我が家のもう一人のクラッキだ。私と妻はこの素晴らしい子どもたちに恵まれたことを神に感謝している。

14

選手として認められ、学んでいくこととは

父から仕込まれた、相手DFの股下を射抜くシュート

サンパウロ州選手権2009。

この大会への最初の挑戦は、プロデビューしてからすぐにやってきた。3月22日（第15節）パカエンブースタジアム。相手はブラジルでナンバーワンの人気を誇るコリンチャンス[*33]だった。しかもあの「フェノメノ（怪物）・ロナウド」が相手陣内に立っていた。僕の最も憧れた選手の一人であり、言わずと知れた2002年・日韓ワールドカップの得点王だ。

僕は彼のドリブルやシュートを真似てきた。ワールドカップの時の彼の髪型さえも真似したことがある。それから7年が経っていた。

国歌斉唱のあと、ロナウドは僕に話しかけてきてくれた。そして、僕を抱擁してくれたんだ。僕は大きな力と親愛の念と、深いリスペクトに感動した。

この日の僕らはあまり良い試合運びをすることができず、0対1で敗れてしまったけれど、その後、次第に順位を上げていくことができた。「ポンチ・プレッタ」戦（第18節）では試合終了間際の8分間に2ゴールを決め、3対2の逆転勝利を収めた。これにより、僕らはグループリーグで4位になり、プレーオフ出場を決めた。この勝利が僕らに大きな自信を与えてくれたんだ。

おかげで、それまで圧倒的な強さを見せていた「パルメイラス」[*34]との試合も、最高の結果で勝利することができた。ヴィラで行われた第1戦は、2対1での逆転勝利。僕も美しいゴールを決めることができた。ペナルティエリア付近でホベルト・ブルンからパスを受けて、GKのマルコスの逆をついてシュート。後半開始直後のゴラッソだった。

エリア内で相手ディフェンダー（DF）と1対1。僕はDFの股の間を狙ってシュートを放った。このプレーは、僕が10歳ぐらいの頃に父さんから学んだものだった。

「DFの前で上半身を左右に揺らすんだ。その動きに惑わされて相手は足を開くから、その瞬間に股の間を狙うんだ」

初めてこのシュートを成功させた時のこともよく覚えている。サントスFCに入る前、

「ポルトゥゲーザ・サンチスタ」でプレーしていた時のことだ。ゴールを決めた僕はフェンスに向かって走っていき、父さんにこう感謝の言葉を送った。

「父さんの言ったとおりだったよ！」

パルメイラス戦に勝利した僕らは、第２戦も勝利を収めた。２対１だった。試合はひどく混乱し、退場者も出るほど荒れた。しかし、僕らはパ[*35]レストラ・イタリアスタジアムというアウェイの不利な状況にもかかわらず、最後まで粘り強く戦って勝利を収めた。

決勝戦第１戦は再びコリンチャンスとの対戦となり、ヴィラ・ベルミーロで行われた。ロナウドは本当に「フェノメノ」であり、彼は素晴らしい活躍を見せ、コリンチャンスが３対１で勝利した。パカエンブーでの第２戦は１対１の引き分け。コリンチャンスがサンパウロ州選手権の優勝を飾り、サントスＦＣは準優勝だった。最初は評判が悪かったけれど、準優勝するまでにチームは進化していくことができた。17歳の僕にとって初めての選手権は、素晴らしい経験となった。

でも、残りの半年はあまり良い状況じゃなかった。その年のサントスＦＣは、５〜12月まで行われたブラジル全国選手権で12位とまったくふるわなかった。監督が頻繁に交代したし、僕はベンチに座っていることが多く、試合に出られたのはわずかだった。監督に起用されなかったということもあるけれど、まあ、この年齢じゃそんなものかもしれない。試合に出られなくとも、謙虚に耐えること、それを学ぶための時間だったんだと思う。

最強のメンバー、常勝のサントスFC

2010年はそれも一変した。僕にとっては極めて印象的な1年になったと言えるし、この時のチームは、それまでプレーした中でも最高のメンバーだった。ピッチの中だけじゃなく、外でも最高のチームだった。サッカーをプレーする歓び、それに集中する歓び、彼らのようなメンバーと一緒にやれるのはとても素晴らしいことだ。美しいプレー、勝利、大量得点を記録することができたんだ。

半年間、すべての試合に勝利していた。歓びであることはもちろん、強い責任感をもって戦うことができていた。チームの連中とは合宿所ではよくジョークを言ったりしてふざけ合ったりもしたし、最高の雰囲気だった。チームに対して、みんなが自信を持っていたんだ。

合宿所のくだけた感じとは打って変わって、ピッチの中では徹底的に集中していたし、勝利するという共通のコンセプトを誰もが持っていた。「今日も勝つぞ！」と声を掛け合ってからピッチに立つんだ。それによって自信がみんなに伝染していくのがわかる。しかも、一人ひとりがタレントのある選手なのだから、よりシンプルに、良い戦いをすることができたと言える。

その原動力となったのは、ヨーロッパから戻ってきた僕の憧れのクラッキの一人、ロビーニョの加入だった。ロビーニョがヴィラ・ベルミーロに到着した時、スタジアムは超満員だった。僕には信じられない光景だった。この感動を僕はこうコメントしたものさ。

「自分のアイドルだったロビーニョと一緒にプレーすることができる。それは、最高の歓びだ。だって僕は彼がプレーするのを観客席からも、テレビでも観ていたんだから」

まさかロビーニョと一緒にサントスFCでプレーできるなんて想像もしていなかった。僕は彼からたくさんのことを学ぶことができた。とても強い友情を育むこともできた。僕の人生においても最高の時だったし、最高にハッピーだったね。そんな感動があるからこそ、サポーターたちに対しても大きな歓びを与えることができるんだ。

もちろん、ロビーニョだけじゃない。僕らのチームにはとても素晴らしい選手がそろっていた。ＧＫのラファエウ。ディフェンスラインは、パラー、エドゥ・ドラセーナ、ドゥルヴァウ、レオだ。彼らはいつも前線の選手たちに、

「後ろは俺たちに任せとけ！」

と発破をかけるんだ。アロウカとウェズレイが中盤をコントロールし、前には僕、ガンソ、ロビーニョ、アンドレーがいた。ガンソは、天才的なパスを出したし、僕とロビーニョはドリブルで両サイドを動き回った。そして、最後はアンドレーへとボールは渡るんだ。

僕はアンドレーのファンだった。彼はエリア内でのポジション取りがとても上手かった。プレー中に特に周りを探すこともなく、彼がどこにいるのかがわかった。彼はいつもベストな場所にいる。パスを出すのが難しい時、僕はそこからシュートを放つ。たとえボールが入らなくても、そこへアンドレーが現れて得点を決めてくれるんだ。

僕らのチームはそんな具合にしっかりと機能していた。そして、いつも歓びに満ちていた。

例えばこんなことがあった。２０１０年のパウリスタ選手権イトゥアーノ戦は、僕とロビーニョが不在だった。僕はその時、アメリカのニューヨークにいて、試合の前にチームメイトのマッドソンにこんな頼み事をした。

「もしゴールを決めたら、やって欲しいことがある。ピッチの中で自由の女神の格好をやって欲しいんだ」

するとマッドソンが答えた。

「そりゃいいや。やろうじゃないか！」

僕はニューヨークでサントスＦＣの試合を見ていたけれど、チームが負けていたので、少しイライラしていた。でも、滞在先のホテルから出発する頃になると、チームは逆転に成功した。そして、ハーフタイムになると、３対１でリードしているとガンソが電話をかけてきて教えてくれたんだ。僕らは試合の優勢を歓び合った。するとガンソは僕にこう言うんだ。

「マッドソンがゴールを決めたあと、自由の女神のパフォーマンスをやったんだ。あれは何だったんだ？」

僕は笑い転げたよ。くだらないかもしれないけど、マッドソンがリクエストどおりにピッチ上でおどけてくれたことがうれしかった。しかも最終的にサントスＦＣはその試合に、９対１で勝ったんだ。

ホームでのブーイングから得た大きな学び

その年は面白いように勝てた。いつも大量得点で勝利していたわけではないけれど、常に勝利は僕らと共にあった。サンパウロ州選手権では「サント・アンドレー」との難しい2試合に勝利することができたし、コパ・ド・ブラジル[*36]では決勝まで進出し、「ヴィトリア」との決勝戦2試合に勝利することができた。

その決勝戦の第1戦はヴィラ・ベルミーロで行われて勝利したけれど、僕はそれまで100%成功させていたペナルティキック（PK）を外してしまったんだ。僕はゴールの真ん中に蹴った。GKはどちらかのサイドへ飛ぶに決まっている、だから真ん中だ——そう思ったんだ。この試合は決勝戦だ。まさかGKはあそこまで落ち着いていて、サイドにヤマを張って飛ばずに真ん中にいるとは想像もできなかった。僕は呆然と、真ん中に飛んだボールが止められる瞬間を見ていた。

なんてこった！　もうやり直しはきかない。ガックリきたよ。PKを止められたことがきっかけとなって試合はとても難しい状況になってしまった。ヴィラ・ベルミーロのファンは、僕に対してヤジを飛ばしはじめた。僕がボールを持てば、サポーターからブーイングが起こる。それは本来、サントスFCのサポーターが相手チームの選手に対してやることだよ。

そこで僕は強く思ったんだ。ミスを犯したぶん、チームに貢献しなくちゃいけない。何かやらなければいけない！

その日の試合でも僕はすでにゴールを決めていたし、とても好調な滑り出しだった。しかし、勝負の流れはいつ何時どうなるかはわからない。第2戦はバハダオンでの試合だったけれど、これもタフな試合になってしまう可能性だってある。

僕のミスがあっても、この日のチームは1対1で引き分けていたが、どうにかしてチャンスを逃したぶんを、この試合が終わるまでに取り返したかった。でも、僕はそれ以上、何もすることができなかった。よりによって決勝戦という大事な試合でミスを犯してしまうなんて……。ホームの試合でこれほどブーイングを受けたのも、今までなかったことだ。とてもショックだったけれども、今思えばこれも大きな学びの一つになったと思う。

15 ヴィラ出身の子どもたち

サントスFCの巨額投資がもたらした未来

テクニックよりもパワーが重視されはじめた1990年代、私は右ウイングを務めるサッカー選手だった。時代と共にサッカーの在り方も変わる。かつてはパワーではなく、美しいサッカー、調和のとれたプレーが支持されていた時代もあった。

選手には高度なテクニックが要求され、選手間における技術の差は際立っていた。そんな時代のサッカーは、リーグの中位で昇格を争っているようなクラブでやっている選手レベルからエリートになることは極めて困難なことだったし、ビッグクラブの選手と対戦する機会もなかった。逆にこの時代は、スピードやパワーのない選手であっても、テクニックさえあればいかなる問題もクリアできたと言える。

私は、偉大なる選手のプレーに憧れ続けてきた。サントスFC出身の[*37]アイルトン・リラのようなハイレベルなクラッキや、ポンチ・プレッタでプレーし、短期間ではあるもののヴィラ・ベルミーロにいたジカのように技術のある選手がいるクラブで共にプレーすることができるとしたら、どれほどの歓びとなるだろう、と。

私は伝説的な選手たちのプレーをこの目で見てきた。彼らはサントスＦＣがこれまで成し遂げてきた偉業の立役者である。１９７８年、最も経験のあるゲームメーカーのアイルトン・リラは、ベテランのクロドアウドと一緒に偉大なチームを創り上げた。ピッタ、ジュアリ[*38]をはじめ、素晴らしいメンバーがファンタスティックなサントスＦＣを形成し、まるでショーのような試合を行っていたものだ。実際、サンパウロ州選手権でもサントスＦＣは優勝を飾っている。

２００２年にはロビーニョ、ジエゴらが、宿願のブラジル全国選手権優勝を達成した。クラブはこの時、下部組織のトレーニング場をつくるための巨額投資を行っていて、その練習場から育ってくる選手たちを「メニーノス・ダ・ヴィラ（村出身の子どもたち）」と呼んでいた。

そして２０１０年、１９７８年の時のようなチームが生まれようとしていた。ネイマール・ジュニア、ガンソ、アンドレー。それに加えて、すでに若手ではなかったものの、常に少年の心を持ったロビーニョがサントスＦＣに復活したのだった。

彼らこそ「メニーノス・ダ・ヴィラ」だった。サントスFCが行った次世代への投資は、完全に元を取る結果となった。2010年サンパウロ州選手権優勝、そして、ワールドカップ南アフリカ大会の後に行われたコパ・ド・ブラジルで優勝したのである。

そこではロビーニョの功績が大きかった。彼がチームに戻ってきたおかげで、サントスFCのプレースタイルはよりシンプルになり、軌道に乗るようになってきた。まだ経験の浅い選手たちにとっては、タフな試合を戦う時も、ロビーニョがいることで負担を軽減することができた。

彼が復帰を果たした2010年2月7日、バルエリで行われた試合では、サンパウロに2対1で勝利した。ロビーニョが出場したのは後半残り30分間のみだったが、それでもホジェリオ・セニが守るゴールにゴラッソを決めたのだ。

もちろん、コパ優勝は総合力によるものであり、一人のクラッキだけの力によるものではない。ドリヴァウ・ジュニア[*39]監督の手腕による部分もあるし、ガンソが素晴らしいプレーを連発したこともある。そして、成長の速度を上げたネイマール・ジュニアの活躍が加わったことも大きい。

ジュニーニョはロビーニョやガンソといったテクニシャンがいることで、より大きなスペースを得てプレーできるようになった。それに伴って、著しく進化した。体重もさらに増え、身長も伸び、フィジカルの強さはさらに向上した。18歳になったばかりの子どもではあったが、髭も濃くなり、大人の男の風貌を持ちはじめ、親としても喜ばしい成長を見せていたのである。

２０１０年のサンパウロ州選手権において、ジュニーニョはすべてのクラシコで得点を決めた。ヴィラで行われたコリンチャンス戦では、彼は一度、ＰＫを失敗したものの、そのすぐ後にゴラッソを決めて勝利に貢献した。試合は2対1となったが、その時にジュニーニョが決めたＦＫは、相手のＤＦのシカオンの頭上を美しい曲線を描きながらゴールネットに突き刺さった。

スーパープレーを連発させるジュニーニョに対して、サポーターの要求は、日に日に高くなっていく。私自身も息子には厳しい要求をしてきたが、それ以上のものがあった。しかも、試合後に息子について話される内容は、多くの場合、中傷的な意見が多く、「あいつ（ネイマール・ジュニア）は実力がないのに人気だけはある」と非難されたこともある。

ジュニーニョは、ゴール後のパフォーマンスをたびたび行う。観客を盛り上げようとしているだけなのだが、他の選手に比べれば明らかに目立つ行為だ。サッカーの世界では、勝利していればすべてが許されるが、負ければ容赦なく叩かれる。それはメディアやファンからだけではない。相手チームの選手も、私たちについてもそうだ。フットボールにおいて聖人（サントス）は存在しないのだ。

　サントスFCは20チームによるグループリーグを1位で通過し、準決勝では4位のサンパウロFCを相手に2勝を挙げることとなった。サントスFCは前半2対0で勝っていたが、慢心したのか、追いつかれてしまった。最終的には3対2と、ドリヴァウ監督率いるサントスFCが勝利を収めたのだが、文字どおり辛勝だった。その後、ヴィラで行われた第2戦は3対0で完勝。2点目はジュニーニョによるものだ。

　彼はサンパウロFCを相手に、再びPKを得た。そしてまた、ホジェリオ・セニ[*40]を相手にゴールを決めたのだった。サンパウロ州選手権決勝へ進出が決まると、観客席からはサポーターたちのこんな叫び声が聞こえたのだ。

「ネイマールは、セレソンに呼ばれるべきだ！」

　やっと正当な裁きが下された、という思いだった。もちろん、ジュニーニョだけじゃない。選手たち全員が、とても素晴らしいプレーをしたがゆえの高評価である。ロビーニョ、アンドレー、マルキーニョス、アロウカ、ウェズレイ――。ガンソを除いてもこれだけの選手をサントスFCは揃えていた。大部分のメディアは、「ガンソとネイマール・ジュニアは２０１０年ワールドカップに出場する、ドゥンガ[*41]監督率いるブラジル代表のメンバーに招集されるべきだ」と主張していた。

　夢を見ることだけなら簡単だ。それを具体的にかなえていくまでには恐ろしく険しい道が待っている。私と息子の夢。それを実現するために、私たちはすべてを懸けてここまでやってきた。サンパウロ州選手権での優勝は、夢の実現の一部分と言えるだろう。

パカエンブースタジアムで行われた州選手権の決勝戦の相手は、「サント・アンドレー」だった。決勝戦第１戦は先取点こそ奪われたが、我々サントスＦＣは最終的に３対２というスコアで逆転勝ちを収めた。アンドレーが大活躍した試合だ。ジュニーニョはハーフタイムで交代したのだが、視力に問題を抱えていたため、満足な活躍はできずに終わった。チームは勝利こそ得たものの、全体的に高評価すべき状況ではなかった。

　決勝戦第２戦は翌週の日曜日だった。サントスＦＣには１勝というアドバンテージがあったが、試合は間違いなくハードなものになることは予想されていた。そしてそのとおり、試合開始後25秒で相手に先取点を決められてしまったのだ。だが、反撃ののろしはすぐに上げられた。ネイマール・ジュニアはそのお返しのように、前半３分で同点ゴールを決めたのである。あまりにも美しいプレーだった。それが弾みとなったのだろう、その後、ジュニーニョはさらなる追加点を挙げるかの勢いで攻め続け、試合は一人を退場で欠いたものの、サントスFCが3対2で優勝することができたのだ。

勝利の理由の一つは、後半、ガンソがしっかりとボールキープして時間を稼いだことにある。監督は彼を交代させようとしたが、ガンソはそれを拒否した。これまでの連戦で消耗し切っていたチームを、ガンソは最後までよくまとめてくれたのだった。サントスFCの優勝はそれらの賜物《たまもの》だったのだ。


ゆりかごに寝転がった赤ん坊の頃からサンチスタである私にとって、このタイトルは最上級の幸福をもたらしてくれた。しかも、私の家のゆりかごで育った息子がそこに出ていたのだから、感動の大きさは言葉にできない。ジュニーニョが優勝メダルを受け取る姿を見て、私の心は熱い想いで一杯になった。

パカエンブースタジアムを一周するジョニーニョ。彼が着ている「背番号11」は、あのペレをはじめ、ペペ、ジト、クロドアウド、カルロス・アルベルト・トーレス[*42]、ピッタ、ジュアリ、セルジーニョ[*43]・シュラッパ、パウロ・イシドロ[*44]、ロビーニョ、ジエゴと、歴戦のクラッキたちがつけたものだ。

彼らはこれまで、ヴィラ・ベルミーロ、あるいはパカエンブースタジアム、モルンビー[*45]

スタジアム、マラカナンスタジアム、さらに世界中のスタジアムで歴史を築いてきた者たちである。今、私の息子がサントスＦＣの歴史に名前を刻もうとしている――私は感無量だった。これがジュニーニョにとって最初のタイトルだ。私はこのチームが将来、さらに多くのタイトルを獲得していくことを確信した。実際、彼らは私の予想以上に成長し、優勝街道を突っ走ることになっていくのである。

ワールドカップにおける落胆と歴史的快挙

サンパウロ州選手権優勝は、サントスＦＣの若い選手たちに大きな自信を与えた。

その一方で、私を落胆させたこともある。ネイマール・ジュニアとガンソが２０１０年ワールドカップ南アフリカ大会のメンバーに選ばれなかったのだ。ブラジル代表とサントスＦＣのサポーターとして、ジュニーニョの父として、これは大きな失望だった。どうやら代表メンバーは、監督自ら選んだ選手たちで固定されているようだった。ペレやジーコ[*46]も、ガンソと息子が招集されるべきだと指摘してくれた。あのメッシも「２人が呼ばれないことを実に奇妙なことだ」と話していた。

しかし、招集されたメンバーのことは、リスペクトしなければいけない。選抜について疑問や不満は残ったとしても、代表チームを応援することに変わりはない。

だが、南アフリカW杯でブラジルは準々決勝でオランダに1対2と逆転負けし、あまりにも残念な結末に、ブラジルのサポーターは肩を落としたのだった。

W杯の溜飲を下げることができたのは、サントスFCサポーターにとっては、コパ・ド・ブラジル優勝だろう。大会の序盤にサントスFCは大量得点で勝利しており、優勝は妥当な結果とも言えた。

第1ラウンドは、ヴィラ・ベルミーロで行われ、マトグロッソ州の「ナヴィライエンセ」に10対0の大量得点で勝利した。そのうち2得点はネイマール・ジュニアによるものだ。

第2ラウンドは、パラー州ベレンにある「ヘモ」と対戦、ベレンでの試合は4対0で勝利。この試合でも2得点を息子が決めている。第2戦はヴィラ・ベルミーロで行われる予定だったが、ヘモが辞退し、サントスが不戦勝により勝ち抜きが決まった。

第3ラウンドは、サンパウロ州カンピーナスにある「グアラニ」と対戦。ここでも大量得点による勝利を見せてくれた。ヴィラにおいてグアラニを8対1で破ったのだが、ここでもジュニーニョは目覚ましい活躍を見せ、８得点のうち５得点を決めた。この試合ではペレが在籍していた頃のサントスを彷彿させる強さがあった。

準々決勝は、強豪「アトレチコ・ミネイロ」との対戦だった。第１戦はアウェイで、２対３で敗れるが、ホームではジュニーニョも１点を決めて３対１と雪辱を果たした。

準決勝の「グレミオ」戦は、再び劇的な戦いを繰り広げることになる。ポルトアレグレで行われた試合では３対４で接戦を落とす。しかし、第２戦ではサントスＦＣが奮起して、３対１で勝利をおさめ、決勝戦に駒を進めた。


決勝はバイア州サルヴァドールにある名門「ヴィトリア」だった。育成部門もしっかりしたクラブで、下部組織から１９９４年アメリカＷ杯の優勝メンバーのベベト、２００６年ドイツＷ杯に出場したＧＫのジダ、現代表のＤＦの要、ダヴィド・ルイスらが出ている。

ヴィラでの決勝戦第１戦は２対０での勝利だった。

ネイマール・ジュニアはＰＫを外しているが、その後、冷静さを欠くことなく１点を決めている。ところが、そのＰＫが問題となった。ネイマールがヴィトリアのＧＫを相手に「カヴァジーニャ（真ん中に蹴ること）」をやって失敗したからだ。ジュニーニョの読みが外れてＧＫはまったく動かず、防がれた。このことが試合後に大きな反響を呼んだ。ドリヴァウ・ジュニア監督もこうコメントした。

「もしあの時に若いネイマール・ジュニアが、堂々と真ん中に蹴って得点していれば、それはそれで『若いくせに大胆に真ん中に蹴って決めるなんてGKに対して無礼だ』と言われていただろう。PKは失敗したが彼に責任はない」

決勝戦の第2戦はヴィトリアの本拠地、バハダオン（マノエウ・バハーダススタジアム）で行われた。試合は1対2で敗れたが、サントスFCキャプテンのエドゥ・ドラセーナが、ヘディングで美しいゴールを決めた。結果は2試合通算3対2で、サントスFCは、栄光の歴史の中で持っていなかったタイトル、「コパ・ド・ブラジル」の優勝を達成することができたのである。

私たちはこのタイトル獲得を大いに祝った。チームはまだ若い選手が大半だが、この栄冠は彼らをさらに勢いづかせることになった。

若い選手たち、そして、ブラジルサッカーが、速いスピードで進化していく可能性を持っていることを世界に知らしめる結果となった。チームはこれからさらに成長するための正しい選択をしていけばいいのだ。

2010年シーズン、わずか6カ月間でこのチームは130得点を記録した。在籍していたのは、ネイマール・ジュニア、ガンソ、ロビーニョ、マルキーニョス、アンドレー、アロウカ、ウェズレイといった選手たちと、安定した守備を見せるディフェンス陣だった。

しかし、それでも多くの人がチームと私の息子を批判していた。その批判とは、前にも話したことだが、ジュニーニョは倒れすぎるというものだ。彼が倒れることの理由は同じく先に触れたとおりだ。出る杭は打たれるということなのだろう。そう考えれば、批判の声が上がるということは、チームとネイマール・ジュニアが正しい道を歩んでいることを証明しているとも言えるだろう。

サンパウロ州選手権とコパ・ド・ブラジルの優勝以外にも、サントスFCは夢に向かって進んでいった。彼らの成長は一人のサポーターとしての私の心を、また父親としての私の感情をも大きく揺さぶってくれた。

ネイマール・ジュニアのサッカー人生は観客席からスタートした。下部組織を経て、サッカースクールも経験してきた。つまりジュニーニョは「ペイシェ」が生んだ人間なのだ。サンチスタとして、そして一人の大人として。彼はサントスFCを出ていくことになったが、「サントス魂」は常に彼と共にある。ヴィラ・ベルミーロは彼にとっては揺籃《ようらん》の地であり、私たちの家なのだ。

16 アイルトン・セナ以降、空席となっているその席へ

ペレの一言でチェルシーからのオファーを断った

その時のことを、僕はまるで昨日のことのように覚えている。

２０１０年８月23日、僕と父さんはルイス・アルヴァロ会長と面談をした。ヴィラ・ベルミーロにあるサントスＦＣのクラブハウスでだ。イングランドの名門「チェルシー」が僕を獲得するためにビッグオファーを送ってきたことに対して、どう対応するかを協議するためだった。

話し合いの途中で、会長は照明を消して誰も座っていない椅子を指さしてこう言った。

「この椅子はブラジルスポーツ界の偉大なるアイドルの椅子だ。残念ながら、アイルトン・セナ（伝説のＦ１ドライバー）が亡くなって以来、その椅子は空席になっている。もしもネイマール・ジュニアがサントスに留まってくれるなら、そして、チェルシーのオファーを断ってくれるのなら、この椅子へ座る第一歩を、君は踏み出すことになるんだ」

その言葉は僕の心を大きく揺さぶった。これが「ネイマール・プロジェクト」（２６８～２６９ページ参照）と呼ばれるプロジェクトのスタートだった。プロジェクトをスタートさせるのに、これほどふさわしい機会はなかっただろう。その中身はとてもよく練られたものであって、のちにマーケティングの賞を受賞することにもなる。

僕の父さんの考えは、サントスＦＣに僕が留まることによって融資を受けることだけでなく、それが僕の家族と僕の将来、それはサッカーだけに限らず、人生すべてに役立つサポートであってほしいというものだった。

その願いが人を、さらにブラジルサッカー界をも動かしたと言っても過言じゃなかった。国内に選手を留まらせるために、このようなプロジェクトが組まれるという前例はなかった。それに関わる誰もが満足できるものであり、サントスＦＣとブラジルのサッカー界にとっても、けっしてお金の面だけでメリットがあるというわけじゃない。社会貢献にもつながることを意識したものだった。

会議では誰もが緊張していた。そこで僕の将来が決まるわけだからね。出された結果は、どのようなものであれ、僕にとって人生の分岐点となるはずだった。会議中にはペレが直々に電話をしてきた。どんなに驚いたことか！　キングは僕にこう言ったんだ。

「サントスに、そしてブラジルに留まって欲しい」

ペレはさらにこう続けた。

「私の選手としてのキャリアは、すべてヴィラにおいてつくられたものだ。そして私は、セレソンとクラブにおいて5つの世界タイトルを獲得することができた。世界中から認められるようになったのもサントスで育ったからなんだ」

もちろん、ペレが育ったのは別の時代のことだし、世界の受け止め方も、サッカー自体も今とは別物だっただろう。しかし、彼の言葉が僕と父に残留の決意をさせる決め手になった。もう疑いは持たなかった。2006年にレアル・マドリードに対して「ノー」と言ったことを、再びチェルシーに対して伝えることにしたんだ。

簡単な決断ではなかったよ。でも、父さんと僕の決断はけっして間違ってはいなかったと確信している。僕の家族にとって、選手としてのキャリアにとって、正しい決定を下したと思っている。ヴィラ・ベルミーロに留まったことで、より多くのメリットをファンとサントスFCにもたらすことができるんだ。それはサッカー王国としてのブラジルの権威を取り戻すことにもつながるわけだし、父さんとクラブと一緒にプロジェクトを進めることができるのは、最高に幸せなことだった。

レアル・マドリードの時と同じように、お金を得ることよりも、僕の幸せと選手としての成長を促すことが優先された。もちろん、お金はあるにこしたことはない。しかし、僕の人生はお金によって指図され、決められていくものじゃないんだ。僕のキャリアにしてもそう。すべてを決定するのは神だ。そして、僕の両親でもある。ビッグオファーを前に、まったくぶれることはなく、思考も冷静だった。

サントスFC残留を決めた直後のブラジル全国選手権は、正直言って、あまりふるわなかった。ロビーニョがいなくなったこともある。彼は再びヨーロッパへ戻らなければならなくなったんだ。結局、僕らは8位でシーズンを終えた。それでも僕自身は17ゴールを決めて、選手権の得点ランキング2位に入ることができた。

でも、この選手権において、多くのサッカーファンの記憶に残ることになったのは、僕がドリヴァウ・ジュニア監督と問題を起こしたことだろう。

それは9月15日、「アトレチコ・ゴイアニエンセ」戦の時に起こった。

3対2とリードされている中、僕らはPKのチャンスを得た。PKの練習を僕は相当こなしている。決める自信はあった。

しかし、監督はマルセルに対して蹴るように命じた。なぜ？　僕と監督は激しく言い争いになった。キャプテンのエドゥ・ドラセーナが間に入ってくれたんだけれど、試合後、ロッカールームに入っても興奮状態は続いていた。僕はエキサイトしていたし、監督もそうだった。今思えば、試合中としては非常に醜いことだった。

その後、時間を置いてから監督は僕を部屋に呼んだ。試合直後よりも落ち着きを取り戻した僕らは話し合い、そしてお互いの言い分を理解し、解決した。ところが、それからしばらくして、アシスタントコーチが再びその話をむし返したんだ。せっかく解決したのに、また重い雰囲気になってしまった。

結局、話はまとまらず、僕は罰せられることになった。クラブの首脳陣は、1試合の出場停止にしたかったようだ。監督はそれ以上の厳罰を望むということをクラブ側に求めていた。するとクラブ側は僕への罰則ではなく、なぜかドリヴァウ監督を解任してしまったんだ……。

監督との口論が国中を巻き込んだ大騒動になるなんて……

ドリヴァウとの一件は僕の過《あやま》ちでもあったことはよくわかっている。人生最悪の出来事だった。今までそんなトラブルは他の誰とも起こしたこともなかったのに……。僕はもっと成長し、成熟しなくちゃいけなかった。ただ、あのＰＫは、チームに貢献したかっただけだった。個人主義に走ったわけじゃない。別の選手が指名されたことで、過度にナーバスになってしまったんだ。しかし、僕が言い争いをしたのは監督とだけじゃなく、他のメンバーとも、挙句の果てにキャプテンとも口論をしてしまっていた……。

監督が解任されたことで、僕はとてつもないショックを受けた。原因は僕にあるんだ。多くの人たちがそれを否定してくれてはいたけれど、僕にはそう思えない。自分のせいだと痛感した。そして、これまでのドリヴァウ監督との関係を振り返って、彼がいかに優れた人格者であったかにも気づかされた。

この時ほどたくさん泣いた日はなかったと思う。僕は憔悴しきっていた。父さんはその日、病気のため寝込んでいた。クラブを出て家に帰ると、父さんと母さんは泣いていた。テレビで僕の振るまいを見てショックを受けたんだという。母さんは僕をこう叱責した。

「あんなことをするのは、私が育てた息子じゃない。母さんが知っているジュニーニョじゃない！」

その言葉は僕の心の奥底に重く響いた。さらに憔悴した。今も思い出すたびにぞっとするよ。

それから数日間、テレビをつけるたびに僕と監督が言い争う場面が流されるので、僕は何度も悲しい思いをしなければならなかった。僕は怪物と呼ばれ、誰もが僕のことをこき下ろし、悪口を叩かれるようになっていった。

最悪の夜が続いた。僕はずっと神に許しを求め続けるしかなかった。もし僕の友人や家族がいなかったら、今の僕はいなかっただろう。間違いなくサッカーをやめていたはずだ。

友人たちは、まるで家族のように僕を支え、助けてくれた。僕が外に出たくないと言うと、彼らは僕と一緒に家の中で過ごしてくれた。友人たちはみんなとても情があつい。真の兄弟のようだ。家の近くのパン屋が僕を批判する垂れ幕を店頭に出しているのを見ると、友人たちはそれをとり除こうとしてくれた。でも、僕はそれには反対したんだ。だって、サポーターが自分の思いを主張するのは当たり前のことだし、彼らにはそれが許されているのだから。

過ちはけっして正当化されることはない。両親からはいつもこう言われてきた。

「ミスをしたらそれを言い訳しようとするな。そのミスから学んで、改めていけばいいんだ」

ただ静かに反省しているだけでなく、学びとして活かすことを考えるべきなんだ。とんでもない状況に追い込まれた時、そして、失敗した時、助けてくれるのはやっぱり家族だ。

きついことを言われることもあるけれど、家族は最も信頼すべきサポーターであり、僕のファーストチームなんだ。

自分で言うのも変だけれど、僕はけっして問題児じゃない。騒動に巻き込まれるのはピッチ上ならよくあることだし、それは試合中の時だけのことだ。ピッチの外にまで引きずって、悪態をつくようなことはしない。サッカー選手としてファンの思いに背くようなことはあってはならないし、チーム内のヒエラルキーを無視するようなことだって避けてきた。だから、僕はここまでやってこられたんだと思う。

試合中は熱くなることもあるし、分別を失ってしまうこともあった。とはいえ、ドリヴァウとのことは最悪な出来事だった。州選手権や全国選手権での優勝に貢献した監督が解任されてしまったんだから。言葉にできないくらい残念だったし、事態の引き金となってしまった僕にとっては非常に複雑な思いだった。

でも、僕は悪い感情を長く引きずるタイプじゃない。それはドリヴァウも同じだったみたいだ。２０１０年の11月、アトレチコ・ミネイロの監督となっていた彼と再会を果たし、抱擁してキスをした。やっぱりドリヴァウは偉大な人物なんだ。

人生、そしてサッカーにおいて、僕らは時間を共有しながら友人を増やしていく。敵をつくるんじゃない。クラブを超えて友人ができていくんだ。例えば、コリンチャンスのボランチのパウリーニョは、セレソンのチームメイトでもある。最もライバル関係にあるクラブに、最高の友人がいる。それが何の問題になるんだい？

ドリヴァウと言い争ったこともまったくあとを引くことにはならなかった。騒動を大きくしていたのは、多くの人々がありもしないことを勝手にストーリー仕立てにしていただけだ。名声を得ることでこの手のリスクが増えていくことはよくわかっているつもりだ。そこから僕は学ばなければいけない。どんな状況でも、上手くドリブルで切り抜けなくちゃね。

17

2011年シーズンを分けた明と暗

ピッチにいるだけでチームの気勢が上がるプレーヤー

――サンパウロ州選手権。

決勝の第2戦は、2011年5月15日に行われた。後半38分にジュニーニョは左サイドでボールを受けた。相手のGKはジュリオ・セザル・ジ・ソウザ・サントスだ。彼はジュニーニョのシュートを防ぐことができず、ボールはヴィラ・ベルミーロのゴールにゆっくりと吸い込まれた。それはまるで長編映画のワンシーンを見ているかのようだった。いや、それよりも3部作の一コマを見ていると言ったほうが良いだろうか。サンパウロ州選手権3連覇の偉業を全3章とするならば、この時はまだ第2章が終わったばかりだったのだから。

サントスFCにとってサンパウロ州選手権優勝までの道のりは、けっして平坦なものではなかった。多くの試合にガンソが出場できなかったからだ。彼は膝の手術をして、リハビリを続けていた。彼が州選手権の試合に出場できたのは、わずか8試合だけだった。しかし、彼がピッチにいるだけでチームの気勢は上がる。彼はまさにクラッキなのだ。

2011年シーズンには、すでにロビーニョはいなかった。そこでクラブ首脳陣は、2002～2004年に圧倒的な強さを誇った当時のサントスFCが誇るもう一人のビッグネームを求めた。エラーノ[*47]だ。彼がヨーロッパから戻り、チームに復帰したのだ。彼は不在期間がまるで嘘のように、空白をまったく感じさせないコンビネーションプレーを見せてくれた。経験のあるエラーノは、グラウンドの内外でチームを助けた。選手たちにしてみれば、彼の存在は「頼れる兄貴」だった。

サンパウロ州選手権の最初の6試合が行われた時期、ジュニーニョはブラジルU-20代南米大会に行っていたために不在だった。そして、ガンソは怪我のリハビリを続けていた。主力2人を欠いて臨んだにもかかわらず、サントスは首位だった。4勝2分の好成績だ。1試合平均約3得点という得点率もこれまで以上の出来だった。

しかし、順調だったのはそこまでだった。その後の6試合では3勝しかできなかったのだ。リベルタドーレス杯[*48]の初戦はベネズエラチャンピオンの「デポルティーボ・タチラ」

と戦ったが、引き分けに終わる。その結果、アジウソン・バチスタ[*49]監督はクラブを追われることになった。問題は常に先発メンバーが揃わないことだった。

チームはその後、大幅な修正策をとった。アシスタントコーチのマルセロ・マルテロッテが代行監督となり、クラブ側は彼の采配に任せた。彼はダニーロを中盤においてディフェンスを厚くし、相手に好きなようにプレーさせなかった。ガンソが再びプレーのテンポを取り戻しはじめたことも大きい。そこから復調したサントスFCは6試合に勝利するまでになった。引き分けが1回、敗北はムリシ・ラマーリョ[*50]が正式に監督就任するまでの間でわずか3試合だけだった。

先発メンバーの問題が解消したのはサンパウロ州選手権準々決勝になってからだった。サントスFCはポンチ・プレッタを1対0で破った。

その後の準決勝はモルンビースタジアムで行われたが、対戦相手のサンパウロFCは非常に好調で、むしろサントスFCとの対戦を待ち望んでいるようだった。しかし、そんなサンパウロの期待をあっさりと打ち砕いたのが、ネイマール・ジュニアと、コンビを組むガンソだった。ガンソはいつものポジションよりも前に陣取り、ほとんどFWとして機能した。このコンビネーションが奏功して、2対0で準決勝を突破することとなった。

そして決勝戦だ。サントスFCにとって問題となったのは、1週間という短い間に、リベルタドーレス杯の決勝も戦わなければならないことだった。

5月8日、パカエンブーで行われた州選手権決勝第1戦では、ガンソはこの日、まったく調子が悪く、得点も決まらず、交代を告げられる。ゴールポストにも阻まれ、結果的に0対0で終了。ネイマール・ジュニアのシュートがゴールネットを揺らすこともなかった。

翌日、ある新聞が次のように書いた。

「ネイマールVSラパ」

「ラパ」とは「その他全員」という意味であり、ネイマール・ジュニア一人が奮闘していたということだった。

記事では少なくとも彼の7つのプレーを評価していた。ゴールポストに当たった2本のシュート。優れたドリブル、フェイント、ボールの奪回、素早い速攻。その日、ジュニーニョは確かに素晴らしいプレーを見せた。クラッキとしての片鱗を見せつけたと言えるだろう。

仮に、この試合を我々のホームで戦っていたとすれば、もっとレベルの高い試合ができていたはずだ。そして、5月15日にヴィラで行われた決勝戦第2戦がまさにそのことを証明した。そこで息子が決めたゴールによって、サントスFCは1902年以来、州選手権

2連覇を果たした回数が最も多いクラブとなったのだ。サントスFCにとっては6回目の2連覇だった。さらにその後には、3度目の南米チャンピオンとなっているのだから、サントスFCはおそるべきタレントが集結するチームだったのだ。

飛び抜けた才能だけでは国際的なタイトルは獲れない

――リベルタドーレス杯。

残念なことだが、私は、1962年にサントスFCがウルグアイの「ペニャロール」[*51]を破り、リベルタドーレス杯に優勝した時の試合を観ることはできなかった。そしてまた翌年、アルゼンチンの「ボカ・ジュニアーズ」を破って2連覇を果たした試合もそうだ。まさにペレ全盛の頃のことである。

しかし、私はそれ以上の貴重な瞬間に立ち会うことができた。2011年6月22日、リベルタドーレス杯でサントスFCが3度目の優勝を飾った試合の目撃者になれたのだ。しかも、ネイマール・ジュニアがチームの一員として優勝を喜び合う様子を目の当たりにすることができた。サンチスタとして、そして父として、これほど胸を熱くさせられたことはない。

チームを指揮していたのはムリシ・ラマーリョ監督だった。

その試合の映像は何度見ても素晴らしい。クラブ100周年公式フィルムの中にも収められているほど、サントスFCでも大事な記録として扱われている。ピッチ上で優勝を祝う選手たち。サポーターは歌い、そしてジュニーニョは芝生の上でひざまずき、両手を天に向けて突き上げている。パカエンブースタジアムの観客席がサントスFCの白い旗で埋められている光景は、非常に美しくもあった。


我々の勝利は、私の息子の足によって生まれた。アロウカが起点になって中盤から左サイドにパスが出た。ネイマール・ジュニアはここで何をおいてでもシュートを打つ必要があった。タイミングが少しでも遅れれば、すぐさまウルグアイチームのDFが彼を取り囲み、シュートコースを阻まれてしまう。彼は即座に足を振りぬいた。ゴールにボールが突き刺さった。このゴールがチームを救うことになった。

決勝戦は当然のことながらタフな展開となった。だが、サントスFCは相手チームよりもはるかに多くのチャンスを生み出した。15回、いや17回か。チャンスの数などふだん数えたことはないが、サントスFCはそれほどこの試合を支配していたのだ。

ゴールの歓びは、いつだって言葉には言い尽くせないほど素敵な思いを、選手だけでなくサポーターにも与えてくれる。しかも、そのゴールが20歳にも満たない若者によって、さらにはそれによって獲得したタイトルが48年ぶりとなれば、その感動は計り知れないものになる。選手にとって難しいのは、ボールをゴールに押し込む最後のプレー以上に、このシュートが人々からどう受け止められるのかといった雑念を、いかに切り離すかだ。ジュニーニョはその瞬間、何を考えていたのだろうか？

私は優勝を迎えたスタジアムでどのようにチームを祝ったのか、まったく覚えていない。スタジアム内外を合わせたサントスFCファン１００万人以上のハートが一つになって感激に揺さぶられたのだ。私自身はもちろんのこと、この場に集まった誰にとっても、最上級の感動が味わえたことと思う。これからもサントスFCは多くのタイトルを獲得していくだろうが、その時はジュニーニョが決勝点を挙げ、彼と仲間によって勝ち取ったタイトルであるだけに、私にとってはスペシャルなことだった。この思いを表すのにふさわしい言葉を私は今なお思いつくことができないでいる。

先取点が入り、試合の流れが完全にサントスＦＣを有利に運んでいく空気を感じていた。事実、得点差はさらに開くことになる。後半23分、サントスＦＣは2対0とした。得点を決めたのは22番、ダニーロだ。この追加点でチームはさらに勢いづいていく。

決勝戦で、ピッチ上に立っていた選手の数は11人だけではない。ベンチや観客席の選手を含む22人がそこにはいた。全員が先発メンバーと変わらない思いを持ち、試合に臨んでいたと言えるだろう。全員で一艘の船を漕ぐ。優勝するためには、ピッチ上の選手だけでなく、リザーブの選手も共に一つにならなければ成し遂げられない。

しかし、敵もただでは倒れなかった。猛反撃を仕掛けられ、サントスＦＣはカウンターで1失点を喫した。もう1点獲られたら、試合は振り出しに戻ってしまうだけでなく、完全に流れが変わってしまっていたことだろう。ところが、サントスＦＣは、南米チャンピオンにふさわしいことを示すように、素晴らしいボール回しをした。敵の挑発やラフプレーに対しても、徹底して美しいサッカーで対峙したのだ。

サントスＦＣの3度目の優勝は、ペレのいた頃の偉大なチームが2度の優勝を果たした時と同じように、完璧なサッカーをして、サントスＦＣにタイトルをもたらした。醜いプレーや暴力的な衝突はなかった。選手たちは全身全霊を尽くし、猛烈なプレッシャーに屈することなく、勝利を勝ち取ったのである。

私は決勝点となったペニャロールのゴールは観ていない。その時、私はロッカールームへ向かっていた。途中、相手チームのウルグアイ人の絶叫を聞いた。今思えば、直接、試合の模様を見れば良かったのだが、私はロッカールームの近くにあったテレビにかじり付き、試合終了までその場で気持ちをハラハラさせながら戦況を見守っていた。

試合終了の瞬間、すぐにでもジュニーニョと共にこの歓びを分かち合いたい。逸《はや》る胸でそればかり考えていた。


彼らの勝利はまさに英雄の証だった。永遠に祝福されるべき勝利だ。試合終了の笛が鳴ってから、優勝杯がサントスFCの選手によって頭上に掲げられるまでに通過した時間は、実に40分。さらにそこからジュニーニョに近づけるまでが、永遠に訪れないのではないかと思えるほど長かった気がする。選手たちが戻ってきたロッカールームはお祭り騒ぎだった。クラブ関係者の他、大勢の人が集まった。メディアの取材記者も加わり、その場でインタビューを始める者もいた。

私はジュニーニョを抱きしめるまで、何世紀もの長い間、待たされたような気がした。優勝を祝福したあと、それはいつものことではあるが、私は彼の犯したミスパスを指摘した。息子もいつもと同じように、ミスしたシュートやプレーについて話した。私はいつもと変わらなかったし、息子もいつもと同じだった。私たちはいつもそうなのだ。

ペニャロールとの決勝戦はまさに素晴らしい戦いだった。モンテビデオで行われた第1戦、選手たちはとても苦しめられた。ネイマール・ジュニアのドリブルも何度もDFに阻まれた。ペニャロールは好調の勢いのまま決勝戦に進出してきていたため、新たな栄冠を手にすることに躍起になっていることは試合前からわかっていた。

だが、我らがサントスFCはそれ以上の意欲を持って戦ったと言える。一つひとつのプレーの精度は明らかにペニャロールを凌駕していた。

ペレの時代以来となるリベルタドーレス杯優勝は、サントスFCにとっては宿願だった。この日、選手たちを祝うためにペレもピッチ上に現れた。新旧のクラッキ同士が時代を超えて優勝を讃《たた》え合っている。奇跡のような絶景をこの目で見ることができたことを私は生涯忘れないだろう。

しかし、リベルタドーレス杯では、ネイマール・ジュニアのプレーに対する批判が噴出した。その多くがあまりにも不当なものばかりだった。

また、不当といえば、「ゼ・ラブ」の愛称で知られるゼ・エドゥアルドに対する見方だ。

彼は、ムリシ・ラマーリョのシステムを支えるキーパーソンだった。彼のチームへの貢献度は極めて高い。彼はまるで戦士のように体を張ってよく働き、どんなタフな試合も乗り越えてきた。にもかかわらず、彼はその性格からファンやメディアから誤解されることが多かった。

国際的なタイトルを獲ることは、何人かの飛び抜けた才能を持つ選手がいてもなかなか困難だ。先発のイレブンがタレント揃いで、なおかつ監督にとっていくつかの戦術的なオプションを持っていることが必須となる。クラブが構造的に機能しているだけでなく、監督やコーチ陣などの指揮系統が存分に采配を振れる環境が整っていなければダメだ。

サントスＦＣのコーチ陣は、イレブンに対してすべての好条件を与えていた。選手たちは承諾したことの返礼として、チームに貢献することを約束していた。それは結果として、３回目の優勝という史上最多のタイトル獲得によって実現されたわけだ。

48年ぶりのタイトルという栄光を祝して、サントスＦＣのユニフォームには３つめの星が刺繍《ししゅう》されることになったのであった。

その日のブラジルは完全にツキに見放されていた

——コパ・アメリカ[*52]。

ジュニーニョの夢は、ブラジルのためにプレーすることだ。彼が初めてセレソンに招集されたのが2010年8月、アメリカとの親善試合だ。マノ・メネーゼス[*53]監督のオーダーによってだった。

それ以降、ジュニーニョは代表に定着したが、サントスFCが、サンパウロ州選手権、リベルタドーレス杯と立て続けにタイトルを獲得しながらも、ブラジル代表が2011年のコパ・アメリカでタイトルを獲れなかったことは非常に残念なことだ。

ただ、ブラジル代表の敗退も、その時のネイマール・ジュニアの戦いぶりについても、私には悲しいという気持ちはなかった。単なる不満に思っただけに過ぎない。

2011年コパ・アメリカの初戦はベネズエラ戦だったが、ブラジル国民が望むような戦いはできなかった。その時のセレソンには、ロビーニョ、ガンソ、ネイマール・ジュニア、さらにパトらが前線にいた。この攻撃の布陣は1年前にサントスFCで大活躍していたメンバーだ。彼らはサントスのために戦うのと同じようにプレーした。しかし、初戦ゆえにナーバスになってしまったのか、彼らは上手く機能できなかった。ジュニーニョは前半、とても好調で、格好の得点チャンスをつくり出すことにも成功したが、後半はチーム全体が調子を落としてしまい、０対０の引き分けに終わった。

第2戦のパラグアイ戦は、初戦のミスを何としても取り返さねばならなかった。しかし、ひどい内容になってしまった。２対２の引き分けではあったが、ジュニーニョは激しいヤジを飛ばされる対象になった。彼はインタビューにも答えたくなかったようだ。相当頭にきていたのだろう。

ロビーニョの代わりに右サイドに入った前半、ジュニーニョは見事なゴールを決めた。前半はチーム全体としても良い内容だった。しかし、後半になると、何人かの選手の不注意が命取りとなった。ジュニーニョも決定的なゴールを外すなど、なかなか結果が出せないでいた。そんな時は、すべては悪い方へと行きがちになる。

しかし、セレソンは後半22分、逆転に成功する。マノ・メネーゼス監督は、ラミレスをルーカスに代え、右サイドにさらにスピードを持たせるために動いた。ブラジルは選手交代が功を奏して、クロスを何本も上げられるようになった。さらに後半36分、監督はセンターFWをネイマール・ジュニアから代えて、フレッジを入れた。フレッジは44分に同点ゴールを決める。典型的なセンターFWのゴールだった。

ブラジルが入っていたグループリーグでは、4チームすべてが第3戦の結果次第で決勝トーナメントに進む可能性を残していた。

したがってブラジルは第3戦を勝利しなければいけなかった。私は試合前に何としても息子と話をしておきたかった。息子は多くのヤジを一身に浴びていたからだ。もちろん、サントスの試合でも痛烈な批判はしばしば聞こえてくる。だが、セレソンでのプレーに関してのヤジは想像以上にキツいものだ。ヤジの主は、サントスFC以外のクラブを応援している代表サポーターであったり、サントスFCを嫌っているサポーターでもあった。中にはネイマール・ジュニア自身を嫌っている連中もいたが、ヤジの数はあまりにも多過ぎたのだ。

ただ、第3戦での選手たちは落ち着いていたし、自信を持ってプレーしていた。ジュニーニョとチーム全員が力を一つにして、ゴールを決め、勝利への道を見出したかのようだった。ロビーニョがチームに復帰したことで、ネイマール・ジュニアとロビーニョのコンビはエクアドル選手を翻弄した。その動きがアシストとなって、アレシャンドレ・パトの先取点が生まれたのだ。

前半のうちにエクアドルに同点に追い付かれ、その後しばらく試合はとても均衡していたが、後半に入り、いつものようなブラジルらしいプレーが戻ってきた。後半3分、ネイマール・ジュニアは、ガンソの素晴らしいアシストから得点を決めた。後半13分、エクアドルがまたも同点に追い付いてきた。

しかし、その2分後、すぐにパトがリードを奪った。その段階でグループ1位となった。グループリーグの中で最も素晴らしい内容を見せた試合だった。

マイコンが右サイドから素晴らしいプレーをして、ジュニーニョが彼自身の2得点目を決めた。その時、息子は指を耳に当てるジェスチャーをした。その仕草は明確にサポーターを挑発するものだった。息子は試合で飛ばされていたヤジに嫌気がさしていたのだ。無理のないことである。鉄のように動じない者など誰一人としていない。

セレソンのためにプレーしている時は、非常に強い気持ちでチームのために戦っている。のちにジュニーニョは交代させられたが、観客席からは拍手が送られた。サポーター の愛情を取り戻すことができ、サポーター側もネイマール・ジュニアのプレーが良かったことを認めてくれたのだ。悪い時は非難されて当然だが、良い時は賞賛することも忘れてはならない。

準々決勝では再びパラグアイと対戦した。この大会の中で最高に良い試合だったと思っているが、たくさんのゴールチャンスを逃してしまった部分もある。

ジュニーニョは前半3分に得点のチャンスがあったが、ボレーシュートを失敗した。その後、前半、もう一度チャンスがあった。ブラジルのDF陣は完璧で、積極性ある攻撃を展開していたが、なかなかゴールだけは決まらず、後半になっても状況は変わらない。息子はパトが素晴らしいボールを送った際にも、ゴールに押し込むことができなかった。相手DFの執拗なマークが彼を自由にプレーさせなかったのだった。

パラグアイにも決定的なチャンスは一度もなかったが、ブラジルには10回以上のチャンスがあった。逆に言うと、守備陣を統率していたGKのビジャールにファインセーブを連発されていたというわけだ。

後半34分、監督はネイマール・ジュニアを交代させた。エリア内で仕事ができるFWを望んだからだ。そこで再びフレッジが入った。パトが左サイドでフレッジを活かすプレーをするようになった。

誰でも途中交代させられるのは面白くはない。息子がそのままピッチに残ることも可能だったと思うが、その時の監督の采配にジュニーニョを起用しての展開はなかった。

ブラジルの試合内容が劣っていたのかと言えば、けっしてそんなことはない。コパ・アメリカで最も評価すべき試合だったと私は思っている。ネイマール・ジュニアのプレーもこの試合がいちばん良かった。

しかし、時にはすべてが過ちに終わってしまうこともある。

延長戦に突入し、パラグアイがチャンスを一度もつくれない中、ブラジルは何度かチャンスを得た。だが、延長でも決着はつかず、PK戦となった。幸運に恵まれなかった日を締めくくるように、セレソンはすべてのPKを外してしまったのだ。3本がゴール外に飛び、1本がGKに止められた。その日のブラジルはツキに見放された。ブラジルのためのコパ・アメリカではなかったようだ。

ジュニーニョはとても落ち込んでいた。コンディションからしても、もっと良いプレーができただろうし、セレソンももっと良い試合展開に持っていけたはずだ。しかし、結果こそすべてだ。PKを1本も決めることができない。それはありえないことだ。カナリア色のユニフォームをまとった猛者たちに、このような結末が起こったことはない。今さら何が言えよう。選手たちはひたすら我慢するしかなかった。

ただ、それでも、ジュニーニョがコンディションに問題のない状態で大会に臨み、さらに成長して帰国できたことは大きな収穫だった。彼は再び多くのことを学んだ。2011年のコパ・アメリカ敗退で得た学びが、2011年のサントスFCでの活躍につながっていったのだ。

世界に認められた「ゴラッソ」

——年間最優秀ゴール。

2014年のワールドカップまで、あと1000日となった2011年のことだ。

あれほど素晴らしい試合には、今後なかなかお目にかかることはできないだろう。ブラジル全国選手権、ヴィラ・ベルミーロで行われたサントスFC対フラメンゴの試合だ。サントスFCは良い試合を続けていた。ネイマール・ジュニアは絶好調だった。そしてフラメンゴのロナウジーニョ・ガウーショ[*54]もやはり絶好調だった。

この試合はジュニーニョにとって、サントスFC在籍中で最高の試合かもしれない。また、ロナウジーニョ・ガウーショにとっても、フラメンゴ時代における最高の試合の一つだろう。

得点の推移が、その素晴らしい試合内容を映し出している。サントスＦＣは試合開始後、わずか30分で３対０とリードしたのだ。サントスＦＣの試合運びはあまりにも素晴らしかったが、フラメンゴも負けず劣らずだった。

得点こそサントスＦＣが３点リードで進んでいたが、フラメンゴにとって、その得点差は額面どおりに受け入れられるものではない。彼らはたくさんのチャンスをつくり出しながら、決定的なチャンスを逃していた。チャンスメイクの機会などを考えれば、３対２と言ってもよい内容だった。

ロナウジーニョもネイマール・ジュニアも全力で戦った。そしてジュニーニョはこの時、選手キャリアを通じて最も美しいゴールを決めたのだった。

このゴールは２０１１年年末において、ＦＩＦＡから年間最優秀ゴール賞、１９５０年代から60年代にレアル・マドリードで多くの美しいゴールを決めて活躍したフェレンツ・プスカシュの名前を冠にした「ＦＩＦＡプスカシュ賞」[*55]を受賞することになった。

ジュニーニョはのちに、「エスポルチ・エスペクラール」というテレビ番組において、そのゴールについてのナレーションを自らやっている。こんな具合にだ。

〈彼らの右サイドバックのレオ・モウラは僕の後ろにいた。そしてボランチのウィリアムスも前線に上がってきていた。僕は彼らの間にパスを通す必要があった。僕は上手くそこを通すことができた。そして、すぐに僕らのセンターFWのボルジェスを見た。僕はよく彼とワンツーをやるんだ。彼はとてもテクニックがあり、インテリジェントだ。一瞬で考えてプレーをする。

僕がボルジェスにボールを出すと、彼はまたボールを返してきた。そこでボールを持って進むと、ヘナトが寄ってきた。僕は少し待った。そのスピードの中で、最初に頭に浮かんだのが、DFのロナウド・アンジェリンを振り切らなければいけないということだった。僕はペナルティアークまでドリブルで進まなければならなかった。その時、僕が進んだ方向と反対側に相手DFが動いた。それに合わせてGKが前に出てきたので、その脇を狙ってゴールを決めたんだ〉

口で言えば、実にあっさりしたものだし、シュート自体がどれほど美しかったのかは伝わりづらい。しかし、プレー中は落ち着いて考える時間などない。息子はボールに触り、パスを出した。ドリブルをしてフェイントで相手をかわしている。そしてシュートをしたのも最もふさわしい瞬間だった。力強く打つよりも効果的なシュートだったことは間違いないだろう。

全身にアドレナリンが吹き出す中、ゴールゲッターになるためには、頭の中を常に冷静にして、落ち着いて行動しなければいけない。シュートを打つ時に取り乱していたら決まるものも決まらない。すべてにおいて成熟する必要があるのだ。GKとDFの位置を計算し、瞬時にシュートコースを判断する。本能的なひらめきと言えるものだ。言葉で説明するのは難しいが、その時にやるべきことを確実にやることが、ゴールゲッターへの始まりなのだ。

あのプレーはけっして忘れられることはない。サントスFCの歴史上最も素晴らしいプレーの一つとして、誰もが記憶に留めておくことだろう。ペレが「フルミネンセ」を相手に1961年に決めたゴールに対して、クラブがペレに記念の楯を贈ったように（ペレはさらにもう一つ、1958年に行われたリオ—サンパウロ選手権、パカエンブースタジアムでのサントスが7対6でパルメイラスを破った試合のプレーでも楯を贈られている）、ジュニーニョもクラブから表彰された。

サントスFCは、「ルブロ・ネグロ」（フラメンゴのユニフォームの色。赤と黒の意）を相手に、実に感動的なプレーをした。それはまさに、ペレ対ジーコに値するようなネイマール・ジュニア対ロナウジーニョ・ガウーショの試合だった。名前だけの勝負ではない、真の意味で高次元の競い合いだった。

試合は結局、サントスFCが敗れ、フラメンゴは5対4で勝利した。サントスFCは敗れたものの、サッカーという競技の面白さや妙味を証明する戦いだった。両チームとも勝利者に与えられる勝ち点3がふさわしいと私は思っている。

*33 **コリンチャンス** サンパウロで最も人気のあるクラブ。全国的にもフラメンゴと人気を二分。サポーターの熱狂度は、12年に日本でクラブワールドカップが行われた時、サポーターが大挙してやってきたことでよく知られている。82年スペインW杯で、ジーコと共に活躍をしたソクラテスがプレーしたクラブとしても有名。1910年創立。愛称は「チマオウン（偉大なチームの意）」。

*34 **パルメイラス** 1914年、イタリア系の移民によって創立されたクラブで「サンパウロ・ビッグ4」の一つで最大のライバルはコリンチャンス。愛称は「ヴェルダオン（偉大な緑の意）」、ユニフォームは緑と白の縞。

*35 **パレストラ・イタリアスタジアム** パルメイラスの本拠地。正式にはアリアンツ・パルケスタジアムだが、多くの人々は「アレーナ・パレストラ・イタリア」あるいは「アレーナ・ド・パルメイラス」と呼ぶ。クラブ創立100周年を記念して改築が行われた。

*36 **コパ・ド・ブラジル** ブラジル全国26州に、ブラジリア連邦直轄区を代表するチームが参加して行われるノックアウト方式の大会。参加チーム数は年によって異なるが、サントスFCが優勝した10年は総勢64チーム、サンパウロ州からは5チームが参加。サントスは39得点を決めて大会新記録をつくった。ネイマールは11ゴールを決めて大会得点王となっている。

*37 **アイルトン・リラ** アイルトン・リラ・ダ・シウヴァ。正確なクロスと強いシュートが定評で、サントスFCでは、76〜79年まで、左MFとしてプレー。その後はサンパウロFCでプレーした。

*38 **ジュアリ** 78年サンパウロ州選手権において29得点を決めて得点王。ペレの時代以来となるサントスFC優勝の立役者。後にポルトガルのFCポルトに移籍し、ヨーロッパチャンピオンにも。得点を決めた後、コーナーフラッグのところへ駆け寄っていき、フラッグの周りを回るというパフォーマンスが有名。

*39 **ドリヴァウ・ジュニア** サントスの監督に就任する以前、サンタ・カタリーナ州、ペルナンブーコ州、パラナー州といった州選手権を優勝に導いている名将。サントスFCでは、10年に州選手権とコパ・ド・ブラジル優勝。ネイマール・ジュニアがPKを蹴らせてもらえずに怒ったことに対する一連の騒動で辞任した。

*40 **ホジェリオ・セニ** サンパウロFCのGK。ブラジル代表としては02年、06年W杯の控えGKだった。FKやPKが上手いことで定評があり、GKでありながら100点以上を決めている。

*41 **ドゥンガ** 94年アメリカW杯優勝メンバー。95〜98年までジュビロ磐田に在籍。強いリーダーシップを発揮し、日本サッカー界に大きく貢献した。06年にブラジル代表監督に就任。フォー・ザ・チームの姿勢を強く求め、南米予選も素晴らしい成績を残したが、10年南アW杯では準々決勝でオランダに敗れた。

*42 **カルロス・アルベルト・トーレス** 70年メキシコW杯で、ブラジル代表キャプテンを務めたサイドバック。サントスFCでは65〜71年までプレーした。95〜99年まで、名古屋グランパスでDFとしてプレーしたトーレスは息子に当たる。

*43 **セルジーニョ・シュラッパ** 73〜82年までサンパウロFCで活躍し、通算243ゴールを決めている。サントスFCには83年から加入し、トータルで104ゴールを決めた。84年サンパウロ州選手権決勝で、コリンチャンスを相手に決勝点を決めた際に、失神する真似をしたパフォーマンスが有名となる。

*44 **パウロ・イシドロ** サントスFCでは84年のサンパウロ州選手権優勝に貢献している。中盤から前のポジションならすべてをこなす、現在でいうオールラウンドプレーヤーだった。

*45 **モルンビースタジアム** サンパウロFCのホーム。マラカナンスタジアムと共に7万人以上を収容するブラジル最大級のスタジアムとして長年にわたり数々の名勝負を生み出してきた。しかし、老朽化とアクセスの問題で14年W杯会場には落選。

*46 **ジーコ** フラメンゴで活躍し、80年代のセレソンの10番を背負った世界的なクラッキ。日本では、Jリーグ・鹿島アントラーズで、

選手としても監督としても功績を残し、06年ドイツW杯では日本代表監督を務めた。ネイマール・ジュニアに対しては、10年南アW杯時にも、当時18歳にもかかわらず招集すべきだと主張。その後も能力を高く評価している。

＊47 **エラーノ**　エラーノ・ラルフ・ブルメル。攻撃的なポジションならどこでもやれるオールランドプレーヤー。01年にサントスFCに加わり、エメルソン・レオン監督の下、2度のブラジル全国選手権（02年、04年）優勝。その後、シャフタール・ドネツク、マンチェスター・シティ、ガラタサライといった欧州のクラブで活躍。11年、29歳でサントスFCに復帰。若い選手と共に、リベルタドーレス杯優勝を勝ち取った。現在はグレミオに所属。

＊48 **リベルタドーレス杯**　60年から始まった、南米クラブチャンピオンを決める最も権威ある大会。毎年2~8月に開催。南米サッカー連盟に所属する10カ国に加え、98年からはメキシコも参加するようになった。ブラジルからは4チームが参加し、合計32チームにより、ホーム&アウェイで戦うが、広大な南米大陸の移動は大変。優勝するとクラブワールドカップへの出場権を得られる。

＊49 **アジウソン・バチスタ**　選手時代はジュビロ磐田でもプレー、06年には磐田の監督も務めた。10年12月にサントスのFCの監督に就任。11試合を采配し、5勝5分1敗だったが、1敗の相手が永遠のライバル、コリンチャンスであったため、3カ月間でクラブを去った。

＊50 **ムリシ・ラマーリョ**　70年代にサンパウロFCで活躍し、ペレの後継者と呼ばれたことも。93年にテレ・サンターナ監督のアシスタントとなり、その後、数々の名門クラブの監督を務める。10年南アW杯後には代表監督就任の話もあった。サントスFCの監督を11年~13年まで務めた。

＊51 **ペニャロール**　ウルグアイ、モンテビデオを本拠地とする南米大陸を代表する古豪クラブ。リベルタドーレス杯においても、第1回目、2回目を優勝している。87年には南米チャンピオンとしてトヨタカップで来日、FCポルトと雪の中で死闘を繰り広げたことでもよく知られている。ナシオナルと共にウルグアイで最も人気のあるクラブであり、また代表選手を数多く生み出している。

＊52 **コパ・アメリカ**　1910年から始まった南米のナショナルチームによる大会。開催方式はこれまで何度か変更されたが、現在は4年ごとに1カ国集中開催。南米10カ国プラス招待国2カ国、計12カ国で行われている。99年パラグアイ大会には、日本代表も招待されて参加したが、2敗1引き分けで予選リーグ敗退。11年にも招待されたが東日本大震災直後であったこともあり辞退した。

＊53 **マノ・メネーゼス**　10年南アW杯後、代表監督に就任。コリンチャンスにおける手腕が買われての代表監督就任であった。世代交代を積極的に行い、ネイマール・ジュニアを初招集。11年、コパ・アメリカはベスト8で敗退。U-23代表監督も兼任したロンドン五輪では決勝でメキシコに敗れた。12年に代表監督解任。

＊54 **ロナウジーニョ・ガウーショ**　ポルトガル語の発音は「ホナウジーニョ」。「ガウーショ」とは、ポルト・アレグレ出身者につけられる愛称。グレミオで頭角を現し、01年、21歳でパリ・サンジェルマンへ。その後、03~08年までFCバルセロナで活躍した。02年日韓W杯の優勝メンバー。06年ドイツW杯では「ロナウジーニョの大会」になると期待されたが、フィジカルコンディションも悪く、活躍できなかった。11年からブラジルに戻って活躍。

＊55 **FIFAプスカシュ賞**　フェレンツ・プスカシュは、ハンガリー・ブダペスト生まれの選手。54年スイスW杯に出場。58年からレアルマドリードに加入し、ディ・ステファノらと共に得点を量産。チャンピオンズカップ3回、リーグ優勝5回優勝に貢献し、自らもリーグ得点王に4回なった。09年からFIFAは最も美しいゴールに対してこの賞を新設した。

第4章
バルセロナへの階段

18 FCバルセロナから受けた一つの授業

メッシ、イニエスタ、シャビのインスピレーション

それはサッカーの一つの授業のようだった。

サントスFCは、2011年12月18日、日本で行われたクラブワールドカップの決勝で完敗した。

対戦相手は単なるヨーロッパチャンピオンじゃなかった。まさに歴代最高のチームとも言える相手だった。サントスもいくつか得点機をつくり出すことはできたが、FCバルセロナと対戦したほとんどのチームがそうであったように、ボールを持つことがほとんどできなかったんだ。

試合前から難しい試合になることは僕もわかっていた。世界中の人々もバルセロナ優勢と見ていたんだろう。でも、サントスだって十分な準備を行って試合に臨んでいた。レベルの高い偉大なチームを前に、自信過剰になっていたわけでもないし、怯《おび》えていたわけでもない。

サントスFCはリベルタドーレス杯で3度目の優勝を飾った時のように、実力を発揮しようと試みたんだ。

しかし、思うように戦うことはできなかった。

メッシ、イニエスタ、シャビといったバルサの選手たちは、お互いのインスピレーションを感じ合ってゲームをしていた。彼らはサントスFCをとてもよく研究していたし、ボールをどのように回していくのかを熟知していた。僕らは力の半分も発揮することができなかった。結果はご存じのとおり、0対4の完敗だった。しかし、この敗北は、人生における有意義な授業でもあった。あの試合からは本当に多くのことを学んだ。

でも、クラブワールドカップの初戦は、理想的な勝利を収めることができていた。相手チームはJリーグチャンピオンの柏レイソル。試合結果は3対1だ。僕は左足でエリア外からファーサイドにゴールを流し込むことができた。今日に至るまで、僕があんなに遠くから左足で放ったシュートはなかった。そんなシュートを、クラブワールドカップという大舞台で成功できたことは最高の気分だったよ。

大会で優勝することはできなかったけれど、この経験はいつの日か役立つことがあると思っていた。

それが現実となったのが、それから1年半後の2013年、ブラジル代表として出場したコンフェデレーションズカップだ。決勝戦で僕らはバルサのメンバーと大半が重なるスペイン代表と対戦し、勝利することができた。もちろん、試合は異なるし、試合ごとにストーリーは存在する。でも、クラブワールドカップの雪辱を果たせたような気分になれたことは確かだ。

メッシは僕にとってもう一人の手本だ

今、僕はFCバルセロナの選手になった。サントスFCの栄光あるユニフォームをまとうのと同様に、クラブへの親愛と共にプレーしている。あのクラブワールドカップ決勝で、サントスがバルサと戦った90分間で学んだこと以上のものを学べることを願っている。

あの日、僕は神話的な存在ともいえるメッシから格別の配慮とリスペクトを受けた。彼の偉大かつ天才的なプレーだけでなく、10番をつけたアルゼンチンの英雄の謙虚さにも驚かされた。数多くのタイトルやトロフィーを受け取っているにもかかわらず、とてもシンプルな人間だった。メッシは僕にとってもう一人の手本だ。クラブのチームメイトとして、彼がさらにタイトルを獲れるように僕は貢献したい。

もちろん、僕と戦う時は勝って欲しくないな（笑）。それは彼がアルゼンチン代表の一員として、僕がブラジル代表として戦う時だからね。

19

クラブ創立100周年の年に、通算100得点を記録

世界にアピールした「ブラジルに残留する」という選択

ネイマール・ジュニアはいつでも試合に出る準備ができている。オフの日やバカンスよりも優先順位は試合が上だ。彼の歓びはボールと共にあることなのだ。

監督やフィジカルコーチは、彼を休ませたいと考えている。試合と練習がマラソンのように長く続き、遠征の移動や合宿なども加わり、疲労は自ずと蓄積されてしまうからだ。しかし、ジュニーニョは休みなど欲しくはないと思っている。グラウンドに行き、試合をすることを常に望んでいる。アスリートの手本とも言えるだろう。練習と試合に出ることに至上の歓びを感じているのだ。

2012年のように、1シーズンをほとんど休むことなく過ごすことは、フィジカル的な消耗が相当激くなってしまう。だが、その年も彼は最高のレベルを維持することができた。勝利への強い欲求が、疲労などの問題を乗り越えさせるのだと思う。実際、サンパウロ州選手権３連覇を果たした時も、大した休養はとっていない。

２０１１年11月、ジュニーニョがチェルシーのオファーを断って、サントスＦＣに残留することを決断したことは前に話したとおりだ。

新しい契約は彼のためであり、またサントスＦＣ、そして当然ながらブラジルサッカー界のためになるものだった。ブラジルにとってそれは歴史的な事件だった。そして、世界に対して一つの力を示すことができた。つまり、ブラジルはジュニーニョのようなクラッキを国内に留まらせることができると証明してみせたのだ。

息子はサンパウロ州選手権で、とても素晴らしい働きをした。サントスＦＣのクラブ創立１００周年でもあった２０１２年、ネイマール・ジュニアは20歳を迎えた。彼はこの年、通算１００得点を記録し、そしてパルメイラスとのクラシコにも勝利したのだ。

モルンビーで行われたサンパウロとの準決勝、ジュニーニョは3得点を決め、３対１で勝利した。また、サントスでの１００得点もこの試合で達成している。ネイマール・ジュニアはドリブルを駆使してシュートを放ち、そしてゲームメイクもした。勝利を組み立てるためのすべてをやってのけたのだ。

息子はアーティストであり、いたずらっ子でもあった

その年、ネイマール・ジュニアは、サントスFCの歴代得点者ランキングを一人ずつ上げていった。一人順位を抜くごとに、その抜いた歴史的な名選手の真似をしたのだ。サンパウロに3対1で勝利した試合では、1978年にジュアリがやったパフォーマンスを真似た。それは得点を決めた後、コーナーフラッグのところへ駆け寄っていくというものだ。そしてモルンビーで行われたグアラニとの決勝戦第1戦では、セルジーニョ・シュラッパの真似をした。シュラッパが1984年サンパウロ州選手権のタイトルを獲る決勝点を決めた時にやったように、失神する真似をした。

グラニとの決勝戦第1戦を3対0で勝利したサントスFC。ジュニーニョのゴールが実質上、サントスFCの州選手権3連覇へ王手をかけた。そして、その次の日曜日にモルンビーで行われた第2戦で4対2とグアラニを下し、サンパウロ州選挙権優勝を決めたのだ。

試合終了後30分が経過した時、ジュニーニョはモルンビーのピッチ上を、観客からの

「オーレー！」のかけ声と共にレポーターとカメラマンの間をドリブルでかわしていった。それを「(事前から画策していた) 話題づくりだ」と言う人もいたが、事実はそうではなかった。ジュニーニョは瞬間的に思いついただけにすぎない。

彼はピッチに出てくるなり、フェイントをかけて記者たちをかわした。スタンドからは大きな笑いが起きた。とてもセンセーショナルなことだった。けっして、おごった心からではない。少年が体中に感じる歓びを表わしたような姿は、まるでアーティストのようでもありいたずらっ子のようでもあった。

サンパウロ州選手権3連覇の次の目標は、リベルタドーレス杯2連覇だった。つまり4度目の南米クラブチャンピオンになることだった。しかし、ヴィラで行われた準決勝第1戦はコリンチャンスを相手に0対1で落としてしまった。その日、ネイマール・ジュニアは本調子ではなかった。パカエンブーで行われた第2戦、サントスFCは彼のゴールで一度は勢いづいたが、後半早々に再び失点してしまい、その後、立ち直ることができなかった。

結局、リベルタドーレス杯2連覇は達成することはできなかった。どれほどの強豪チームであっても、常勝であることを続けるのは至難の業なのだ。

20

ブラジル代表への想い

僕はいつも「１１０％の状態」でありたい

僕はブラジル国民のために、ワールドカップで優勝することを常に願っている。

そして、オリンピックで金メダルを獲りたい。Ｕ－20ワールドカップでも南米大会と同じように優勝したかったが、２０１１年はアルゼンチンで行われていたコパ・アメリカに出場していたために、ネイ・フランコ監督率いるＵ－20のチームと共にタイトルを獲ることはかなわなかった。

ブラジル代表としてもう一つタイトルを獲ることができなかったのは、２００９年のＵ－17大会だ。僕はその大会に出場したけれども、その時のチームはけっして良い状態じゃなかった。でも、時間を戻すことなんてできない。だからこそ、母国ブラジルで開催される２０１４年のワールドカップと、２０１６年に同じくリオデジャネイロで開催されるオリンピックでの優勝を僕は夢見ている。

そして、2018年、2022年のワールドカップにも出場を果たして優勝したい。すべてのタイトルに対して貪欲でありたい。そのためにはチームメイトと共に代表とクラブでできる限りの努力をしていくつもりでいる。選手である以前に、僕らはみんな一人のサポーターだ。だから、いつでもブラジル代表が最高であってほしいと願っているんだ。

選手なら誰もが勝利を求めるものだ。もちろん、すべてのタイトルを獲ることは不可能だと思う。他の国の選手も僕と同じように優勝を目指してモチベーションを高めているわけだからね。他人の何倍も努力しても無理な時はあるし、気持ちだけでは成し遂げられない。

だからこそ僕はいつも「110%の状態」でいようと努めている。代表に招集された時は可能な限り良いコンディションで応えたい。それは肉体的にも精神的にもだ。

ウェンブリーで流した涙を歓びに変えたい

前にも触れたけど、僕が初めてセレソンに招集されたのは2010年8月、ブラジル代表が準々決勝でオランダに逆転負けを喫した、ワールドカップ南アフリカ大会直後のことだった。ドゥンガに代わって就任したマノ・メネーゼス監督が呼んでくれた、ニュージャージー州で行われたアメリカとの親善試合だった。

代表デビュー戦は2対0でアメリカに勝利したけど、その試合のことはけっして忘れることはない。その試合で僕はA代表初ゴールも記録できた。初代表で初得点、忘れるはずがないよ。

これも忘れられない出来事だったけれど、2012年のロンドンオリンピック決勝でブラジルはメキシコに敗れた。僕はピッチ上で思い切り泣いた。あの敗北は、ブラジルに対して、そして自分自身に対しても大きな借りをつくったことになる。すぐにでも返上したいという気持ちはあれからずっと続いたままだ。もしチャンスが与えられるのなら、決勝のウェンブリースタジアムで流した涙を早く歓びに変えてしまいたい。そして、神がさらに僕に微笑んでくださるのなら、2016年、僕らの国で開催されるオリンピックでそれを果たしたいんだ。

マラカナンスタジアムで僕は叫びたい。僕らを応援してくれるブラジル国民のために。

「チャンピオンになったぞ！」ってね。

21 銀メダルで終わってしまった夢

ブラジル代表にとって銀メダルは鉛と同じだ

2012年、ロンドンでオリンピックに向けて準備を進めていた時、私はジュニーニョに電話をかけてアドバイスを送った。代表としての責任と歓びを感じながら戦って欲しい、と。彼は夢を実現させようとしていたのだ。

これはいつも彼と私の間でやっていることだが、オリンピックに出場し、金メダルを獲得するか否か、賭けをしたのだ。彼のモチベーションを高めるためでもあったのだが、残念ながら、その賭けには私が勝ち、彼は私からのプレゼントを受け取ることができなかった。ブラジルはオリンピック決勝でメキシコに敗れてしまったからだ。

初戦のエジプト戦で、ジュニーニョはとても良いパフォーマンスを見せていた。ゴールも決めて3対2で勝利。しかし、前半を3対0とリードしておきながら、後半はチーム全体のペースが落ちたことを私は危惧していた。おそらくブラジルサポーター全員がそれに気づいていたはずだ。初戦ということもあり、相当なプレッシャーを感じていたのではなかろうか。彼らはU－23代表である。3人の選手はオーバーエイジだったが、まだまだチームは若い。ブラジルのために金メダルを獲るということが過度のプレッシャーになっているのではないかと、誰もが心配していた。

ベラルーシとの試合はネイマール・ジュニアの独壇場となった。パトのゴールのアシストに始まり、ブラジルが劣勢になった時にはＦＫでゴールを奪い、さらにオスカルの3点目を誘発させたヒールパスも決めたのだった。ベラルーシ戦は先取点を奪われて苦しいスタートとなったが、落ち着いて戦えたことが逆転勝利を呼び込むことになった。

ニュージーランド戦では、ブラジルはすでに決勝トーナメント進出を決めていたが、ジュニーニョは他の主力選手のように温存されることはなかった。予選は消化試合的な部分もあって気が抜けがちであり、輝きには欠けていたものの、彼は3対0で勝利するのに貢献していた。

準々決勝の対ホンジュラス戦の試合も、私の心配をよそにネイマール・ジュニアは目覚ましい活躍を見せてくれた。リードを奪われていたチームを蘇らせたのも、彼が決めた同点ゴールだった。ジュニーニョはＰＫを得ると、ヤジに動揺することもなく、落ち着いてゴールネットを揺らした。そして、レアンドロ・ダミアンの追加点によって苦しみながらも３対２で勝利し、準決勝進出を決めたのだった。

ブラジル代表は苦戦を続けていたのだが、ブラジル国民の中には、もうすでに金メダルを獲得したのも同然といった気持ちでいる人が少なくはなかった。準決勝へ進出したことで、メダル獲得は確実とされていたのである。

しかも、金メダル以外のメダルでは、まったく意味をなさないことを国民の誰もがわかっていた。お家芸のサッカーにおいて、銀メダルは鉛と一緒なのだ。

韓国との準決勝は、予想外に楽勝となった。私はその試合でのネイマール・ジュニアのプレーを、得点こそ決めていないがとても気に入っている。前半、オスカルとパスを交わし、２点目のクロスを上げた。ネイマール・ジュニアのテクニカルなプレーによって、ブラジルは３対０で勝利、決勝進出を決めたのだった。

１９８８年以来、ブラジル代表チーム（男子サッカー）はオリンピックで決勝まで進出したことがなかった。ジュニーニョたちのチームは、この段階でもすでに一つの壁を打ち破ったことになる。金メダルを獲得するために最強メンバーによるチームがこれまでもつくられてきたが、およそ25年にわたり、決勝に到達することなく会場をあとにしていたのである。

決勝戦の日、私はとても不安な気持ちになっていた。

ネイマール・ジュニア、ルーカス、オスカル、パトといった新しい世代が揃ったチームは、ピッチ以外でも非常に親密にまとまっていた。私は息子と電話で話し、彼らが勝利を目指して意思を統一し、非常に意欲的になっていることを知った。彼らの優勝を確信していたのだが、その反面、けっして優勢ではないのでは……とも思っていた。

サッカーの世界に「もしも」という言葉は存在しない。それはずいぶん前からジュニーニョたちも知っていただろう。しかし、試合開始早々のメキシコの得点によって、決勝戦でのチームプランは壊れてしまった。

ネイマール・ジュニアはがっちりとマークされ、時折、イラついた表情を見せていた。私は以前から「感情を刺激されないように」と注意してきた。それがオリンピックの決勝戦では修正することができていなかった。

後半になってようやくブラジルに復調の兆しが表れはじめた。ネイマール・ジュニアは好機をつくりだした。メキシコＤＦのマークを外すことができたのだ。

しかし、この日、勝利の女神がブラジルに微笑むことはなかった。先取点を奪われただけでなく、なんと2点目も決められてしまったのだ。それからはもう、ジュニーニョたちは何もすることができなかった。

私が最も悲しかったのは、終了後、スタジアムでジュニーニョが芝生に崩れ落ち、顔を手で覆い隠すようにして号泣している姿を見た時だった。これまでスタジアムで観てきた彼は、常に笑い、喜んでいた。しかし、歓びの表情はその日、まったく現れることはなかった。

辛さを乗り越えたい時、私は息子が生まれた頃を思い返す

ジュニーニョがどれだけ金メダルを望んでいたか、私にはよくわかっていた。それを逃したことが、2014年ワールドカップを戦う世代にとっては雪辱に向けた出発点となるだろう。

私たちの国では、オリンピックにおける他の競技と異なり、サッカーでは金メダル以外は認められない。準優勝という結果は負けだとする文化がある。残念ながら、私たちブラジル人は優勝以外を求めてはいないのだ。

誰だって負けたくはない。しかし、試合には勝者がいて敗者がいる。他の国の代表選手も同じように勝利を目指している。時に我々は勝利を逃し、他国のチームにそれを譲ってしまうこともある。ロンドンオリンピックにおいては、メキシコはブラジルよりも勝利にふさわしい戦いをしたということだ。実際、メキシコは優れたチームでもあった。

ジュニーニョは敗北のショックで、10分間芝生の上に倒れたままだった。しかし、オリンピック代表選手としての責任は負わなければならない。その後、涙のあとが残る顔のまま、記者たちの質問に答えていた。そのような状況で、敗北の理由を自分なりに考えて語ることは非常に厳しいことだ。しかし、息子は成熟してきている。すべてのことにプロの選手として対処できるようになってきている。

とても悲しい敗北ではあったが、これまでどれだけの選手がオリンピックのメダルをかけて戦ってきたのだろう。その歴史の過程で考えるのならば、ロンドンでの彼らの成績はけっして悪いものではない。

神はネイマール・ジュニアに対して、さらに素晴らしい時間をとっておいてくださったのだと私は信じている。それこそが2014年ワールドカップであり、また2016年にリオで開催されるオリンピックだ。自国開催ゆえ、優勝すれば、さらに大きな歓びが得られることになる。その時、私はいったい息子と何を賭ければいいのだろう？

敗北に打ちひしがれたジュニーニョの姿は、私にとっても非常に辛い思い出だ。その悲観的な気持ちを乗り切るために、私はジュニーニョが生まれたばかりの数カ月の頃を何度も回想する。

ジュニーニョはよく泣く子だった。昼も夜もお構いなしだ。私と妻にとって最初の子育てでもあり、まるで初めての外国を旅行した時のように、どうすればいいのかまったくわからなかった。

息子が生まれた１９９２年、この本の最初でも話したが、当時の私はウニオン・デ・モジに所属するサッカー選手で、試合漬けの日々だった。家族のいる身で競技者生活を続けることは大変だ。試合前夜にもかかわらず、ジュニーニョは一晩中泣き続けることもあった。どうしたら寝てくれるのか、いろいろな方法を試みたものだ。私はシャツを脱ぎ、彼の胸を私の体にくっつけて体温を伝わらせることで眠らせようとした。これは結構効いた。しかし、翌日は寝不足だ。

朝の10時にクラブに着くこともあった。試合のために十分な準備ができなかった日も少なくはないが、私の仕事が一家を支えているのだから、息子を育てるためには是が非でも頑張らなければいけなかった。それは簡単なことではなかった。妻は自分一人で息子の相手を引き受け、何とか私の寝る時間を確保できるように協力してくれた。しかし、私はいつもジュニーニョと一緒にいることを望み、子育てにも取り組んできた。

睡眠時間が少なくなるのに反比例して、私の出場機会は増えていった。サッカー選手としてのキャリアにおいても、最も脂ののった時だった。たとえ眠る時間が削られようとも、期待に応えたプレーをすることはできた。ジュニーニョの誕生が私に力を与えてくれるそうに違いなかった。愛情は何事にも勝るものなのだから。

疲労は蓄積したが、私は少ない睡眠時間を心配することはなかった。むしろジュニーニョとの時間を積極的につくることに腐心していた。試合に負けた時はいつも彼に話しかけたものだ。それが私の救いにもなっていた。

私はジュニーニョの幼少時代にたくさんのことを学ぶことができた。本来ならば調子を落としてもおかしくはない状況だったが、私はさらに活躍することができた。もっとたっぷり眠って、綿密な練習をしていた時よりも、はるかに良いプレーができたのである。

今、私は息子に対して、こう話している。

「自分の試合を戦いなさい。自分の仕事をできる限り良い方法でやりなさい。常にやる気を失わずに、そして愛情を感じながら。それはけっして難しいことではないはずだ」

22 精神の修行となった悪質な噂

耐えなければいけないのか、彼らを黙らせるべきなのか

２０１１年、僕に子どもができた。その年は僕にとってサントスＦＣで、そしてブラジルサッカー界において、すべてを成し遂げた年でもあった。もちろん、それはすべて僕を応援してくれるスポンサーをはじめとする友人や家族、さらに所属クラブに限らず、サポーターからの大きな応援のおかげであることはよくわかっている。だから僕は海外へ移籍する必要もなかった。

幸せであることは何よりも大切なことだ。素晴らしい人たちと一緒に仕事をすること。真の友人たちに囲まれること——最高のことだと思う。

海外のビッグクラブからのオファーを断ったのは、まだ僕がブラジルを出ていく時ではなかったということだ。出るべき時期であるならば、家族と共に決心しなければいけないなかったろう。

この時のことをちょっと回想してみたい。

多くの人が僕のヨーロッパ移籍を話題にした。中にはとても参考にすべき意見もあったし、賢い指摘だと感じるものもあった。逆に、悪意に満ちたものもあったし、単なる妬《ねた》みもあった。そして、やがて誰もがこの話題を口にするようになった。

得点を逃すと、それは僕が「サントスから出ていきたいからだ」と言われた。

2得点を決めると、「ブラジルではもう学ぶべきものはない。さらにレベルの高い外国に出てやるべきだ」と言われた。

ピッチ上で削られると、「身を守るためにはヨーロッパへ行ったほうがいい」と言われた。

僕がファウルをとられたように演技をしていると誰かが言うと、ヨーロッパへ行くべきだという。なぜならば、ヨーロッパのレフェリーはブラジルよりもしっかりとファウルをとってくれるから、シュミレーションをしなくてすむと言われた——。

どんなことでも僕がブラジルを離れる理由にされた。フットボールとはまったく関係のない人までもが探りを入れてくる始末だった。試合が終われば、勝敗について聞かれるんじゃない。最初の質問はいつも、

「ヨーロッパ行きはもう決心したのですか？」

というものだった。

もううんざりだ。我慢の限界だった。僕にどんなニュースがあろうと関係なく、質問はすべてこればかりなんだ。

僕は耐えなければいけないのか、彼らを黙らせるべきなのか。あるいは、サッカー選手が本来しなければいけない、口で答えるのではなく、ボールで答えるべきなのか……。

前人未到の州選手権4連覇を狙ったけれど……

さらに状況が悪くなっていったのは、2013年前半、僕もサントスFCも調子を落としてしまった頃からだ。リベルタドーレス杯も戦うことができず、そのシーズンは通常よりも遅く始まったコパ・ド・ブラジルしか残る大会はなかった。サンパウロ州選手権では、なかなかチームの状態が上向きにならず、僕自身も調子を上げられずにいた。サントスFCは素晴らしいアルゼンチン人選手、モンティージョを獲得したが、彼がチームに適応するまでには時間が必要だった。州選手権では良い試合ができず、とても苦しんだ。サポーターも当然ながらフラストレーションが溜まっていった。

でも、そんな中でも何とか結果を出して、サントスは3位となり、決勝トーナメントに勝ち進んだ。準々決勝の相手は、6位のパルメイラスだった。ヴィラで行われた試合では1対1、PK戦の末に破った。準決勝は2位だったモジ・ミリンのホームで行われ、この試合もやはりPKによって勝利することができた。試合が終わると、僕は号泣した。やっと決勝へ進めることができたことが何よりもうれしかったんだ。でも、そんな様子でさえも、メディアは移籍話に重ねて勝手に詮索して記事を書いた……。

コリンチャンスとの決勝戦ではさらに苦境に立たされた。パカエンブースタジアムで行われた第1戦でコリンチャンスが勝利したからだ。2対1だった。

ヴィラで行われた第2戦は僕らが先取点をとった。しかし、すぐに追いつかれ、そのまま試合終了まで持ち込まれてしまった。ホームで優勝を決めるという、ペレ時代のサントスFCでも成し遂げられなかった快挙を狙ったものの、僕らにその力はなかった。そして、サンパウロのいかなるチームも成し遂げたことのない、州選手権4連覇も逃してしまったんだ。

23 バルセロナへの旅立ち

選手はクラブ間を行き来する「商品」じゃない

２０１１年以来、私たちはバルセロナに恋していた。しかし、私たちの手に結婚指輪がはめられることはなかった。スペインとブラジルのメディアにはたくさんのことが書かれた。詳しいことを知らないのに、よくそこまで好き勝手なことを書いたものだが、そうしたことが起こるのも、この種の交渉においては当然のことだった。

しかし、事態は異常だった。悪い噂をどうにかしてつくり出そうとしているかのようだった。嘘や悪意に満ちたものまで報じられるようになっていった。

何の根拠もないのに、様々な憶測が飛び交った。私とネイマール・ジュニアが話していたことは、実際に後に正しかったことが証明されたが、私たちは競売にかけるようなこともしなかったし、事前にクラブと水面下の約束もしていない。サントスＦＣを手玉にとるようなこともなかったし、誰に対しても迷惑はかけていない。

私たちはただ、今が旅立つ時だと思っただけだった。

私たちの心の拠り所であるクラブの扉を閉じてしまってはいけない。ネイマール・ジュニアのために、そして、私たちの家族のためにも、扉を開かなければならないと感じたのだ。それはサッカー選手としても、感情面においても、財政的にも、すべての点においてふさわしい時だった。前進しなければいけない時だった。成長するためにも必要なことであり、それはいかなる職業においても同じことが言えると思う。

選手はクラブ間を行き来する「商品」であるという人がいるが、バカげた話だ。サッカーの世界では大きなパッションによりクラブを変わることになる。ビジネスパーソンが他の会社から誘いを受けることがあるように、それはただ単に財政的に条件がいいというのでなく、成長するために会社を変わることもある。

そういった人々のことを「商品」と呼ぶだろうか？

サントスFCへの愛は永遠だ

移籍交渉は、関係するすべての人にとって良いかたちで終わった。あらゆる状況からしても、また、あらゆる関心においても、私たちはとても良いビジネスを行ったと思う。正しい決断を、最もふさわしい時に、理想的なクラブと行うことができたのだ。サントスFCは常に私たちを理解してくれたし、ネイマール・ジュニアに期待をかけ続けてくれた。そして私たちも、いつもサントスFCのことを信じてきた。それはマルセロ・テイシェイラ前会長の時も、また現在のルイス・アルヴァロ会長となってからも何ら変わらない。常にお互いを信頼してきた。ジュニーニョに関する金銭面で規制を受けるようなことはなかったし、常に彼の幸せと快適さが優先されてきた。

近年のブラジルでは、ほとんどの選手が長い間ブラジルに留まることがない。ネイマール・ジュニアが留まったのは彼が望んだからであり、サントスFCもそれを望んでいた。スポンサーの存在が彼を２００９年以降も留まることを可能にしてきたのだ。いや２００

6年からかもしれない。わずか13歳の子どもにクラブは賭けてくれたのだ。すべての人たちに感謝を述べたいと思う。ネイマール・ジュニアは今、サントスFCから離れているが、サントスFCは永遠だ。それは私とジュニーニョの祖父にとってそうであったように。

ジュニーニョは移籍先のFCバルセロナにおいて、

「メッシがさらに得点王であり続けるために、そして最優秀選手賞を獲得し続けられるように、全力を尽くしたい」

と語った。息子とアルゼンチン人クラッキは、きっとうまくいくはずだ。ピッチ上でも、グラウンド外においてもだ。ジュニーニョにとってメッシはお手本となる選手だ。サッカーを心から愛する私にとって、私の息子が世界最高の選手の隣でプレーするのを見ることは、大きな歓びであるのと同時にとても誇りを感じる。

移籍したことによる大きなメリットの一つは、ジュニーニョはとても構造的に整ったクラブと選手たちの中に入るということだ。彼は早く溶け込みたいという気持ちが強いから、すぐにチームになじんでいくだろう。現地で交わされているカタルーニャ語[*56]も早くから勉強しているから、監督が戦術的に望むこともすぐに理解できるようになるだろう。FCバルセロナでたくさんのことを学び、当然ながら、彼はチームに大きな貢献をするはずだ。

息子を勇気づけたメッシとベッカムからのメッセージ

ＦＣバルセロナはピッチ上でとても素晴らしいプレーを見せるだけでなく、その外でもとても良い人間関係を築いている。すべての選手がジュニーニョを、両手を広げて受け入れてくれた。

ネイマール・ジュニアは拒絶されるのではないかという噂も流れたが、ＦＣバルセロナと契約が結ばれるとすぐに、メッシのほうから「彼と話がしたい」と言ってきてくれた。サントスＦＣのチームメイトでもあったモンティージョが携帯電話をジュニーニョに差し出した。メッシと息子はそれで話をした。メッシはこう言ったそうだ。

「君がバルサに来るのをみんなとても楽しみにしている。歓迎してくれるはずだよ」

そしてパリ・サンジェルマンの元ディレクターであり、１９９４年ワールドカップアメリカ大会で優勝を飾ったセレソンのメンバーでもあるレオナルド[*57]が、ジュニーニョとベッカムとの間をつないでくれた。ベッカムは、長男のブルックリンがレアル・マドリードのファンで、中でもネイマール・ジュニアの大ファンだと伝えてきた。そこでジュニーニョはベッカムに対し「息子さんの14歳の誕生日に僕のサイン入りのユニフォームを贈りたい」と言った。するとベッカムは、携帯電話で、ジュニーニョに感謝の言葉を伝えてきたのだった。

息子がカタルーニャの地で上手くやっていくことはけっして難しくはないはずだ。むしろ辛いのは私たち家族なのかもしれない。彼が家から離れたところへ行ってしまうからだ。

彼のいない寂しさをいつも感じることだろう。バイシャーダ・サンチスタからバスで移動していた日々のことを思い出すだろう。オートバイで息子と共にサントス市内の練習場を往復したことも思い出すだろう。彼の練習のために何度行き来したことだろうか。

それはすべて彼の夢と才能を活かすためだ。私たちとジュニーニョが下した決断は、神によって祝福されたものなのである。

＊56 **カタルーニャ語** スペインのカタルーニャ地方（カタルーニャ州都はバルセロナ）で話される言語。スペイン語やポルトガル語と同じラテン語から変化したロマンス語の一つ。36～75年まで続いたフランコ独裁時代には使用を禁止されたため、カタルーニャ地方の人々はこの言語に対する愛着が強い。ネイマール・ジュニアが入団お披露目の際、ファンに向けてカタルーニャ語で話しかけたことは、バルサがカタルーニャを象徴するクラブだけにファンの心を大いにつかんだ。

＊57 **レオナルド** レオナルド・ナシメント・ジ・アラウージョ。94年アメリカW杯では左サイドバックとして活躍して優勝。W杯後は鹿島アントラーズにジョルジーニョと共に加わり、日本でも人気者となった。その後、パリ・サンジェルマン、ACミランで活躍。現役引退後はACミランの役員を務め、09～10年まで監督、さらに11年にはインテルの監督を務めた。13年、長い間交際を続けてきた女性にテレビ番組中に公開プロポーズを行ったことでも話題になった。

第5章
ブラジルW杯とリオ五輪

24

ＦＣバルセロナにやってきたのは間違いじゃなかった

入団会見で見せた涙の理由

ビーチや道路でいつもボールを蹴っていた少年が外国の街に到着すると、その日は月曜日だったにもかかわらず、ＦＣバルセロナのホーム、カンプノウスタジアムには５万６０００人の観衆が集まった。僕がＦＣバルセロナのユニフォームを着て、初めて公式の場で話す言葉を聞くためにだ。僕はまだ21歳の若造に過ぎない。この大歓待は感動的であり、胸を熱くさせられた。

僕はそれまでコンフェデレーションズカップの準備のため、ブラジル代表合宿に参加していた。日曜日には代表の試合を戦い、翌月曜日にバルセロナへ向かった。そして、スタジアムで入団発表が行われたんだ。メッシのそばでプレーする、そして他の偉大なるクラッキたちと共にサッカーができる。彼らはスペインにとどまらず、国際舞台で数多くの勝利を重ねてきた猛者たちばかりだ。

バルサの一員としてプレーできる、この歓びを抑えることは難しいことだ。ビッグクラブの大舞台でプレーすることは、少年時代からの夢だった。それが今、実現したからだ。テレビゲームをする時ですら、僕はビッグクラブでボールを蹴る自分をイメージしていたんだからね。

カンプノウに入ると、大勢のサポーターが大きな拍手で迎えてくれた。この感動は言葉に表せない。記者会見で話している時も、途中、感極まってしまい、涙が出てきて言葉に詰まってしまったんだ。

会見前には、クラブの人が僕のプレー映像を編集したものを会場に流してくれた。それはとてもよくできていた。例えば、サントスＦＣ時代の得点シーン。フラメンゴを相手に決めた、２０１１年にプスカシュ賞を受賞したゴールも当然、含まれていた。

また、２０１２年リベルタドーレス杯、ヴィラ・ベルミーロでポルトアレグレの「インテルナシオナル」を相手に決めたゴールもあった。それはＦＩＦＡの最優秀得点賞候補に挙がったものだった。２つの得点のシチュエーションはとてもよく似ている。

バルセロナの入団会見に集まった人々は、僕に対して熱いリスペクトを向けてくれていた。会見自体も様々な配慮がなされ、クラブ側も僕を重要な存在として認識してくれていることがわかった。バルサへの移籍に踏み切った僕の選択が間違っていないことはすでにわかっていたけれど、仮にまだ疑問を抱えたままだったとしても、この場につれてこられたらすべて消え去っていたんじゃないかな。それくらい素晴らしい歓迎の場だったんだ。

試合前に僕は父さんと語らい、そして、神に祈るんだ

そうそう、入団会見時の父さんの表情を映した映像が傑作だったんだよ。父さんはいつもと同じように、真剣な表情で会見に集中していた。あの顔は、決勝戦があと5分で終了する時の監督のような感じだったね。ただ、FCバルセロナのユニフォームをまとっていたのは父さんじゃなくて僕だけだったけれど。

僕の関係者は、この晴れの場にみんな感動していたが、父さんはなぜか神妙な顔をしているんだ。でも、きっと本心では、すべて正しいことをやり遂げた、という気持ちだったんじゃないかと思う。それが表情の奥のほうから溢れてくるかのようでもあった。サントスFCで成し遂げてきた歴史的な栄冠。ブラジル代表では、まだこれからそれを重ねていくつもりだ。そして、これからはFCバルセロナでも多くのタイトルを獲得していくこと

になるんだ。

これから僕がすべきことは、「ブラウグラナ（ＦＣバルセロナの愛称。ユニフォームの青とえんじ色を指す）」がタイトルを獲るために貢献していくことだ。それはクラブとの約束じゃない。個人としての願望だ。このようなビッグクラブに到達できたことだけを記しても一冊の本が書けるくらい、僕の中には様々な思いがあるんだ。

僕は新しいユニフォームを着て、新たなる夢を求め続ける。これまでサントスＦＣで全力を尽くしてきたのと同じように、ＦＣバルセロナでプレーするつもりだ。そしていつもと同じ習慣を繰り返すだろう。

試合前、移動中のバス、スタジアムのロッカールームで、僕はいつも父さんに電話をかける。そして試合について話し合うんだ。相手チームのこと、自分たちのチームのこと。そこで僕が何をやれるのか、そして何をやったらいけないのか。サッカーのこと、家族のこと、そして人生のこと。そして最後には一緒に祈りを捧げる。こんな具合さ。

「僕に対抗するすべての敵の武器は繁栄しない。僕に反対するすべての言葉は、神によって裁かれるだろう。これは神が行ってきたことの伝承である。それは神によって与えられた権利なのである。神はそのように言われた」

25

神がブラジルに微笑んだ コンフェデレーションズカップ2013

ブラジル国内のデモに心を痛めたネイマール・ジュニア

コンフェデレーションズカップ第2戦が行われる前、ブラジル国民が路上でデモを行っていることについて、ネイマール・ジュニアは自身のフェイスブックにこう書き込んでいた。

〈ブラジルで今起こっていることを僕はとても悲しく思う。交通、健康、教育、保険といった点でさらに良い条件を求めるために、人々が道に出て抗議活動をすることまではないだろうと僕自身は信じていた。状況を良くしていくことはすべて政府の義務だ。ブラジルは、僕や僕の妹に最低限のクオリティある生活を営めるように一生懸命がんばってきたと思う。今日、あなたたちが起こした出来事を受けて、僕が民衆扇動をすると思われたかもしれない。でも、けっしてそうではない。ブラジルの国旗を掲げて、デモ行動が全国で展開されているが、僕はブラジル人であり、自分の国を愛している。家族も友人もブラジルに住んでいる。だから、さらに生活しやすいブラジルになってほしいし、また、より安全で健康的な、そして真っ当な国になってほしいと思っている。僕ができる唯一のかたち、ブラジルを代表し、守る方法はピッチ上でプレーすることだ。メキシコ戦では、このデモによってインスピレーションを受けて、ピッチに立つことと思う〉

私は彼がデモに対してどんな立ち位置でいるのかを知り、とても頼もしく思った。そして、彼の意見に対する反響についても、私は安心した。彼は事態を錯乱させることもなかったし、逆に、心に感じていることを公言するのを止めることもできなかった。彼は、セレソンとして、ブラジル社会における立場からも、何かしら主張する必要があったと判断したのだ。

彼がやらなければいけないことはボールを蹴ることだ。しかし、グラウンド外で起きていることに対して、彼は無関心を装うこともできなかったということだ。

ピッチ上においても、神のおかげで、コンフェデレーションズカップで良いスタートを切ることができていた。ネイマール・ジュニアはさらに調子を上げてきていた。ブラジリアで行われた第1戦、対日本戦において、彼が最初に放ったシュートは、開始後わずか2

分を過ぎたばかりのことだった。決定力を低迷させていた期間に、自ら終止符を打ったのだ。エリア外からとても美しいボレーシュートを決めたのである。

だがジュニーニョが2009年にデビューして以来、ほとんどなかったことがその日に起きた。試合前、電話回線の問題で、私はジュニーニョと話をすることができなかったのだ。彼のそばにいてあげることはとても必要なことだと考え、試合前には必ず彼と話をする機会を持っていた。そのいつもの習慣ができなかったことで、ジュニーニョは冷静に試合に臨めるのだろうか、そんな危惧を私は持っていた。

しかし、その日、彼は持ち前の才能と精神力で、それを乗り越えていった。ゴールを決めたことで、落ち着きを取り戻し、ブラジル本来の戦いを進めることができたのだった。

後半開始直後には、パウリーニョが得点差を広げた。そして、試合終了数分前に、カウンターからジョーがオスカルから絶妙なパスを受け、そのまま試合を決める得点を挙げて3対0とした。見事な戦いぶりだった。日本は良いチームだったが、ブラジルのほうが勝っていた。

それにしても試合中、ずっと熱い応援を送ってくれたサポーターの力は、大いに選手たちを鼓舞したはずだ。そして、スタジアムに流れたブラジル国歌。この時の感動は忘れることができない。とめどなく涙が溢れてきた。それは私に限ったことではなかっただろう。おそらく、スタジアムに集まった人々はデモの騒乱に走ったことを後悔していたのではないかと思う。国歌が観衆を一つにしてくれた。改めて、自らの強い祖国愛を確認したのではないだろうか。

第2戦のメキシコ戦においても私は鳥肌が立つ思いをした。フォルタレーザのサポーターたちが粋な演出をしてくれたからだ。試合会場に流れる国歌は短く編集されたものだったが、彼らはそれを無視して歌詞の最後まで歌い続けたのである。堅い結束力、そしてブラジルという国がサッカーにかける情熱を目の当たりにした思いだった。

ピッチ上にいる選手たちも試合に集中していた。ネイマール・ジュニアはそんなスタジアムの空気を得て、再び試合開始早々にゴールを決めたのだ。前半8分、今度は左足によるシュートだった。見事なゴラッソだった。この大会で最高の出来だったのは当然として、おそらくネイマール・ジュニアが出場した、それまでのセレソンの試合において、最も素晴らしい活躍だったと言えるだろう。

後半には左サイドにおいて彼はセンセーショナルなプレーをした。適確なパスをジョーに送り、ジョーがゴールをゲットし、2対0と、さらに点差を広げることに成功した。

ジュニーニョはこの試合でも、最も活躍した選手に贈られる賞である「ＦＩＦＡマン・オブ・ザ・マッチ」に選ばれた。誰もが彼の受賞は当然だと感じたことだろう。この大会でブラジルが戦った5試合において、最終的に彼は4回の受賞を果たした。現在、この4つのトロフィーはサントスにある私の事務所に飾られている。

セットプレー前の横槍にも「投げキッス」を返す余裕

グループリーグで残されているのはフォンチ・ノーヴァで行われるイタリア戦だけとなった。２０１３年3月21日、ジュネーブで行われた親善試合においては、危うく敗北を喫するところまで追い込まれてしまったが、サポーターの応援の支えもあり、勝利することができた。得点が決まったのは、前半終了間際、ダンテによるものだった。

しかし、イタリアは後半開始すぐに同点に追いついた。素晴らしいカウンターによる反撃だった。その後、ジュニーニョはエリア付近で左ＭＦによって倒され、ＦＫを得た。彼はボールを丁寧にセットした。その角度からのＦＫは練習で何度もやってきたものだ。ＧＫのブッフォンが右へ動き出すのを見た息子は裏をかき、ブッフォンがもともといた位置にボールを蹴った。ブラジルが再び2対1でリードすることになった。

さらに、マルセロからの素晴らしいロングパスを受けてフレッジが得点差を広げて3対1。イタリアもさらにそこから1点を追加、コーナキック（ＣＫ）のこぼれ球をゴールに押し込んだ。しかし、ブラジルはそこからさらに攻勢に転じ、再びフレッシが得点を決め、4対2で勝利することになった。

グループリーグでの戦いは１００％の力を発揮できたと言える。そのことがセレソンに大きな自信を与えた。

準決勝の相手はウルグアイ。永遠のライバルとのクラシコとなった。ウルグアイのルガーノは試合前に、

「ネイマール・ジュニアはいつもファウルをもらおうとしている。ブラジルのサッカーは昔からちっとも変わっていない」

とメディアに語った。これはよくある挑発的なコメントに過ぎない。サッカーはすべての思惑がピッチ上で解決されるから面白いし、素晴らしいものなのである。

ベロ・オリゾンテで行われた試合は、前半、とても厳しい戦いを強いられた。ここでも国歌は最後まで歌われ、サポーターと選手は思いを一つにさせることができていたのだが、

ウルグアイの選手たちは私たちの結集した思いをはるかに超えるプレーを見せた。いくつかの場面で、彼らはブラジルより完全に勝っていた。

しかし、ブラジルの選手たちが持っているポテンシャルは極めて高い。カナリア色のユニフォームをまとい、しかも熱狂的なサポーターたちの前で戦うのだから、いくら困難な状況であろうとも、それを乗り越える底力はそれぞれが持っている。セレソンたちはこの苦境を一変させたのである。

パウリーニョが素晴らしいボールをジュニーニョに送った。ジュニーニョはこれを胸でトラップ、ほとんど角度のないところからシュートを放った。GKのムスレラはこれをセーブしたが、そこへ詰めていたフレッジが押し込んで1対0。前半終了間際の得点だった。だが、ウルグアイは後半開始早々に同点に追いついてきた。振り出しに戻って以降、攻防戦は試合終了まで続くこととなった。するとウルグアイの選手たちは作戦を変え、ブラジルを挑発し、メンタルへの攻撃を加えはじめた。

左からのCKの時、交代させられたウルグアイの選手の一人がジュニーニョに近づき、耳元で何かをささやいたのだ。集中力を奪うためにやったのだ。しかし、ジュニーニョはその程度の揺さぶりで集中を失うような男ではない。逆に、そのウルグアイの選手に向かって、投げキッスのお返しをしたのである。彼はその後、何事もなかったかのようにプレーに集中した。そのシーンはテレビでも映し出され、試合後も、ジュニーニョの投げキッスは繰り返し放送された。小手先の揺さぶりをかけてきた相手をからかう、実に滑稽な返し技だった。

さらに痛快なことに、相手選手の横槍を受けた、そのCKから得点が生まれた。ネイマール・ジュニアが蹴ったボールをパウリーニョがファーサイドから頭で決めたのである。後半41分でブラジルは2対1と再びリードを得た。

その直後、フェリポン（フェリペ監督）はジュニーニョを交代させた。そして試合終了。ブラジル代表はクラシコを制し、決勝が開かれるマラカナン行きを決めたのだった。

王者スペインを圧倒した素晴らしいコンビネーション

決勝の相手は、私たちブラジル人の誰もが対戦を望み、勝ちたいと願っていた世界王者、スペインだった。スペインは2010年ワールドカップの優勝だけでなく、ヨーロッパ選手権2連覇（2008年と2012年）を果たしている。スペイン代表には、その後、FCバルセロナでジュニーニョのチームメイトとなるイニエスタ、シャビ、ブスケツ、ペドロ、ピケ、ビジャ、ビクトル・バルデス、ジョルディ・アルバ、セスク・ファブレガスがいた。

スペインはコンフェデレーションズカップにおいても、最強のチームであることを証明しようとしていた。決勝の相手はホームで素晴らしい戦いを繰り広げてきて、お祭り騒ぎとなっている我らブラジルだ。ブラジルはコンフェデレーションズカップにおいて3度の優勝、ワールドカップでは世界最多の5度優勝している。最強を証明するために倒す相手としては格好の存在だった。

一方、ブラジル代表としては、今大会を一つずつ丁寧に勝利して、相手を圧倒していく必要があった。大会前の評価としては、ブラジルにはコンビネーションが足りないという意見が多かったのだが、大会が始まると、少しずつコンビネーションが芽生えはじめていった。チームとしてのまとまりが強まり、グラウンドの内外においても、それは存分に感じられていた。一戦一戦を重ねるごとに強さとなって現れていく、私は彼らの進化をとても頼もしく思って見ていた。

スペインとの決勝戦での国歌斉唱はこれまで以上に長いものとなった。再びサポーターも最後まで一緒になって歌い切ったのである。いつ見ても美しい光景だ。

両国代表のプライドがぶつかり合う熱気の中、先制点はブラジルだった。試合開始後わずか1分30秒、フレッジがゴールを決めたのだ。[*58] フッキが右サイドから折り返し、ネイマール・ジュニアのボールコントロールに少々難はあったものの、フレッジが倒れながらもゴールに押し込んだ。素晴らしいコンビネーション！　こんな得点シーンを見るのは私にとっても初めてのことだった。

まさに理想的な試合展開だ。先制点はその後の展開にも非常に有利に働く。その直後にも、追加点のチャンスがあった。前半7分、フレッジの見事なパスからオスカルがシュート。前半12分にはパウリーニョのＦＫがゴールを襲ったが、スペインの守護神・カシージャスによって防がれてしまった。さすがはカシージャス。世界王者のチームが誇るＧＫだ。

だが、ブラジルもやはり只者ではない選手の集まりだ。スペインを終始圧倒した。かつてのサッカー王国ブラジルを彷彿させる活躍を、すべての選手が見せてくれた。スペインに対してほとんどスペースを与えることがなかったのだ。

例えばペドロが前半40分、右サイドを抜け出したのだが、ダヴィド・ルイスがそれを阻止した。実に素晴らしい連携だ。マラカナンスタジアムは、まるでダヴィドがゴールを決めたかのように沸いた。

ネイマール・ジュニアにも待望の得点チャンスがやってきた。前半43分のことだった。

彼のシュートでブラジルは2点目を決めることができた。

ゴールはオスカルとのコンビネーションによるものだった。ジュニーニョはオフサイドポジションにいたため、いったん、オンサイドに戻り、そのタイミングでオスカルがパスを出した。完全に裏をつかれ、左足からニアサイドに放たれた鋭いシュートはさすがのカシージャスも防ぐことはできなかった。この追加点で会場は騒然となった。前半終了後、選手たちがロッカールームへ下がる時は大声援が送られた。その時の私の歓びをぜひ想像して欲しいものだ。


続く後半も、ブラジルは集中力を欠くことはなかった。開始早々、フッキのスルーパスをネイマール・ジュニアがスルー。フレッジがシュートを決め、なんと3対0とスペインをさらに引き離すことに成功したのだ。

セルヒオ・ラモスはその直後にPKを蹴ったが、外してしまい、スペインは劣勢を跳ね返すことができない。そんな中、後半22分、ブラジルは左サイドからカウンター。ジェラール・ピケが必死にスライディングで止めようとして、ネイマール・ジュニアを蹴ってしまった。このプレーで一発退場、ブラジルは数的優位にも立つことになり、チャンスはさらに生まれることになった。

その後、追加点こそ得られなかったが、ブラジルは3対0のままスペインを下し、コンフェデレーションズカップを見事制するに至った。

試合終了後、ジュニーニョは彼の眼の前にいたスペイン人選手と抱き合い、健闘を讃えあった。それからレフェリーにも挨拶に向かった。スペインの選手に対して最初に握手を求めたのがネイマール・ジュニアだった。今考えてみれば、握手を交わしたその多くが、これから彼のチームメイトとなる選手たちだった。

彼はサポーターのもとにも駆け寄っていった。ジュニーニョは、試合中ずっと声援を送り続けたサポーターの一人ひとりと握手をしたかったのだ。

試合後の記者会見では、彼は怪我のため大会に出場できなかったレアンドロ・ダミアンについて語っていた。試合ではその代役としてジョーががんばってくれたわけだが、出場できなかったダミアンも、控え選手を含む他の23人同様、優勝に貢献したのだということを彼は伝えたかったのである。

優勝を果たしたことで、一つのグループが形成された。ジュニーニョはフットサルの時代から集団をつくることの大切さを学んできた。全員がチームのために尽くす――それは彼をサポートする私たちの会社に対しても同じ姿勢だ。私たち全員がネイマール・ジュニアのために働いているし、一つのチームを形成しているのである。

子どもを抱くようにトロフィーを抱き上げた

それからすぐのことだ。もう一つの感動がジュニーニョに訪れることになった。もちろん、私にとっても同じ歓びだ。彼は大会準得点王として「ブロンズシュー賞」を受賞したのである。フェルナンド・トーレスとフレッジが5得点を決めて、ネイマール・ジュニアは4得点だった（このトロフィーもやはり私の事務所に置かれている）。

さらに彼は、選手として最も誇りとなる「ボーラ・ジ・オウロ（大会最優秀選手賞）」を受賞したのだ。イニエスタがボーラ・ジ・プラタ、パウリーニョがボーラ・ジ・ブロンズをそれぞれ受賞した。

今回の大会にはブラジル人やスペイン人のクラッキだけが参加していたのではない。他にもピルロ、カバーニ、と世界中の名選手が試合に臨んでいたのだ。有数の選手たちを抑えて得た賞だけに、その歓びはジュニーニョにとっても私にとっても計り知れないものとなった。

試合後の21時13分、マラカナンスタジアムでジュニーニョは、2つめのトロフィーを頭上に掲げ、神に感謝をした。その後、ＦＩＦＡ会長からメダルが授与された。観客席にはセレソンのキャプテンであるチアゴ・シウヴァが優勝カップの授与を待ち受けていた。21時20分、「カンペオン！（チャンピオン）」とブラジル代表全員の大きな叫び声と共に優勝カップは彼らの頭上高くに掲げられたのだった。

その後、ネイマール・ジュニアは階段を下りて、他のチームメイト、コーチングスタッフと共に写真に収まった。この時の写真はいつ見ても優勝と受賞の興奮が蘇る。私は孫のダヴィ・ルッカ（ネイマール・ジュニアの子）がこの写真を見る時のことを思った。

ジューニーニョはトロフィーをまるで子どもを抱くように抱き上げた。さらに３つのトロフィーと共に写真を撮った。ブロンズシュー賞、ボーラ・ジ・オウロ、優勝カップ。まるでサポーターが写真に収まっているように見えた。彼は常にクラブのサポーターである自分を心の中に持っているが、この時の息子はまさにサポーターの顔だった。

偉大なチームメイトで構成されたチームで、共にプレーをすることを許された誇りあるサポーター。そしてブラジル人であることへのリスペクトがその表情からにじみ出ていたのである。

神のおかげで、ジューニーニョはブラジル代表で10番をつけてプレーすることができた。

その姿を見ることができるのは、父としてではなく一人のフットボールファンとして、このうえない幸福だった。彼の偉業には非の打ちどころがない。5試合全勝によるコンフェデレーションズカップ3度目の優勝。しかも、ヨーロッパ選手権2連覇、そして世界チャンピオンであるスペインを大量得点で破る堂々たる優勝だったのだ。

それはブラジル代表メンバーそれぞれが持っているインテリジェンス、テクニック、タレントの調和によるものなのだ。

26 愛する息子、ダヴィ・ルッカ

子どもができたことは、父さんにもなかなか言えなかった

自分が父親になるというのを知ったのは19歳の時、２０１１年サンパウロ州選手権決勝戦の少し前だった。正直言って、僕はどうしていいのかわからなかった。子どもの誕生を知った時、多くの男性がそんな思いになるんじゃないだろうか。僕にとってそれはとても難しい問題だったんだ。その時、僕の周りではあまりにたくさんのことが起きていた。責任問題を僕は恐れた。父になる心の準備ができていなかったし、あまりに早すぎたんだと思う。恐れのあまり泣いてしまったくらいだ。

この事実を両親に伝えるのは、簡単なことじゃなかった。勇気を出して、母さんにまずは話した。話したいことがあるから家にいて欲しい、そう頼んだ。僕が事実の経過を話すと、母さんは感情を抑えきれなくなり、涙ぐんでしまった。

父さんに話すのはもっと大変な覚悟が必要だった。父さんはいつも僕にアドバイスを与えてくれていた。常にあらゆる点において注意するようにと言っていたし、悪いことは未然に防ぐことに気を配っていた。僕のすべての行動に対して、父さんが気になっている部分をいつも話していてくれた。だから、なおさら言い出せなかったんだ。言おうとしても、父さんを前にすると口ごもってしまうから。

ようやく伝えることができた時、やはり最初は父さんも驚いていた。でも、父さんは心を開いて、状況をよく把握しようとしてくれた。

子どもの母親となるカロルとも話をした。父さんはいつもそうだけど、先のことをとてもよく考えてくれた。彼女の家族もこのことを受け入れてくれた。すべてが順調に進んだのは神のおかげだろう。

父さんが僕にしてくれたすべてのことを息子にしてあげたい

父さんはこれで祖父となるわけだけど、僕が必要とすることには、これからも何でも力になると言ってくれた。父さんは僕と妹に対しての愛情は無限だと言っている。僕がたとえ結婚をしなくても、あるいはカロルと一緒に住まなくても、僕たちの子どもは永遠に僕たちのものだ。

息子は天の恵みだ。僕は息子に「ダヴィ・ルッカ」と名付けた。彼は僕たち両親の恵みであり、また祖父たちの、叔母の、家族全員の恵みでもある。彼が誕生したことで、僕の人生はより特別なものになった。彼が僕に幸せを運んでくれたんだ。

ダヴィは僕の歓び、幸せそのものだ。ある意味、僕は彼に対してメロメロだ（笑）。いつもそばにいたいと思っているし、家にいられる時はいつも彼と一緒に遊んで、成長を楽しんでいる。いろいろ教えてあげたいし、息子のためになることであれば、何だってやってあげたい。おむつを替えることもやっているよ。

父さんが僕にしてくれたことのすべてを息子にしてあげたいんだ。それは無上の歓びでもある。カロルともとても良い関係にある。最近では息子と話もできるようになってきた。僕はできるだけ彼の教育にかかわりたいと思っている。彼には人間的に素晴らしい人になってもらいたいし、父が僕を教育してくれたように、僕も彼をできる限り正しく強く教育したい。ダヴィ・ルッカは、父さんにとっての僕と同じ存在になるんだ。

彼を初めてスタジアムに連れていったのは、２０１２年３月４日、ヴィラ・ベルミーロで行われたコリンチャンス戦だった。彼は生後６カ月だった。クラブは彼のためにサントスＦＣのユニフォームを用意してくれた。背番号は10番。小さな帽子もかぶらせてもらった。彼を抱いて僕は入場した。スタジアムは大騒ぎだ。ほとんどの人が、僕が息子と共に入場するなんて知らされてなかったからね。父さんですら知らなかったのだから。

これはカロルと共に立てた計画だった。晴れた日曜日、ダヴィ・ルッカを抱いて僕はとても素敵な気分だった。ピッチに出る前には、ダヴィ・ルッカの「ゴッドファーザー」であるガンソから祝福のキスも受けた。その日の試合でチームは１対０で勝利することができた。

試合前にダヴィと一緒に撮られた写真は、まるで僕だけがマスコットを抱えて写っているように見える。僕にとってその日曜日は忘れえぬ一日であり、ダヴィ・ルッカにとってもスタジアムデビューとなる特別な日だった。

サントスＦＣの試合前の合宿に参加する時は、ダヴィは必ずと言っていいほど僕を訪ねてくる。バルサに行ってからもそうだ。彼の訪問は本当にうれしい。

ダヴィが生まれたのは２０１１年８月24日、午前11時だった。僕は数字に縁起を担いだりはしないけれど、２０１１年の11時に生まれた子どもの父親である僕がサントスＦＣで

11番をつけているという偶然が重なっている。サンパウロ州選手権とリベルタドーレス杯に優勝したのも２０１１年だった。この時の僕の番号も11番だった。

彼が生まれたその日以来、僕はあまり自分のことを優先して考えなくなった。常に真っ先に考えるのは息子のことだ。彼のために、彼が喜ぶことを何よりも先に考える。そのせいだろう、父さんのことがこれまで以上に理解できるようになってきた気がするんだ。父さんの言っていることの正しさもすごく理解できる。

父親になることで得られる感動は、他の何ものとも比べることができない。僕が憧れたクラッキたちのように、ダヴィ・ルッカにもそうした存在ができることを祈りたいし、そのためになるように尽力したいと思う。

ダヴィはネイマール・ジュニアのファンだと言わないかもしれない。でも僕はダヴィ・ルッカのファンであり、彼の存在をとても誇りに感じている。僕の視線の先には常にダヴィがいる。得点も彼のためであるし、彼は僕の愛情そのものなんだ。

27

この子の父親であることが私にとっての誇りだ

息子の望みは、人生における幸せを得ることだ

私には一つの目標があった。ジュニーニョがプロとしてデビューするまでは、私自身がすべて面倒を見るということだ。だから、彼がサントスFCのトップチームのメンバーとして初めてピッチに立った時、私の目標は達成されたと感じた。私のやることは終わり、あとは彼自身が自ら道を切り開いていくのだ、と。

私は今、ネイマール・ジュニアをサポートする会社の一員として、外部から彼を支えている。2009年にプロデビューした彼のために、私はすべてを彼の成長に捧げてきたつもりだ。私たちは一つのチームなのだ。

それでは、ネイマール・ジュニアが世界一の選手になることが今後の目標なのか？　と誰もが私たちに尋ねてくる。それは私たちの希望とは異なる。ジュニーニョがピッチに立っているのは、けっして世界一の称号が目当てではない。

いつか彼がＦＩＦＡ年間最優秀選手賞に選ばれたのなら、それは彼のサッカー選手としての蓄積によるものであり、けっしてそのシーズンだけの良し悪しで決まるものではない。

バルセロナに行く前、こんな声がよく聞かれたものだ。

「もし、世界一のプレーヤーになりたいのなら、世界一のプレーヤーがいるチームに入るべきではない。むしろ、その敵になるべきだ。もしバルサでプレーしたら、そのプレーヤーの協力者になるだけだ」

彼らはきっと、私たちが現実をどう考え、ジュニーニョにどのようなかたちで尽くしているのかがわかっていないのだろう。

ネイマール・ジュニアの望みは、人生における幸福を得ることだ。それは彼が生まれた時から私が助言してきたことで、サッカーを始めた時からずっと、その考えに変わりはない。

バルサへの移籍に関しては、彼はただ優れた選手の中でプレーをしたいと思っているにすぎない。ネイマール・ジュニアは自分がより歓びを感じ、自分にとって最高のサッカーが行われているところを選んだのであり、それがＦＣバルセロナの美しいプレーだったということなのだ。われわれが求めているのは、素晴らしいプレーをするためのサッカーだ。

その意義はまさに、シャビのこのコメントに凝縮されている。

「僕は世界一のプレーヤーになるためにフットボールをやっているのではない。チームメイトたちが地球上で最高のプレーヤーとなるために助けているんだ」

サッカーは団体競技だ。それを理解しているネイマール・ジュニアは、FCバルセロナでも多くの幸福を得ることができるだろう。そして彼のサッカーは、多くの人に幸せをもたらすと私は思うのだ。

夢見る力こそ、私が子どもたちに与えることができた唯一のことだ

ネイマール・ジュニアの選択は自分にとっての愛情と幸せを重視した結果だ。その選択は、これからも彼にとって素晴らしい結果をもたらすことになると思っている。

例えば、「白いペレ」と呼ばれた、70年のワールドカップ優勝メンバーであるトスタン*59がジュニーニョのことをとても高く評価してくれるように、ブラジル、そして世界中の人々が息子に賛辞を送ってくれる。それはとても大きな励ましになる。

フォルクスワーゲンのCMを私はよく思い出す。その映像には、アイルトン・セナやダライ・ラマのような偉人が多数起用されているが、その中には、なんと私の息子も含まれ

ている。自慢しているんじゃない。そうした偉人たちと同列に語られるようになった息子を誇りに感じているのだ。多くの人々からジュニーニョが認めてもらえるために私たちは働いている。人生の中で私が最も強く望んでいるのは、人々が私の息子を高く評価してくれることに尽きる。彼が賛辞を受けることはつまり、父である私も祝福を受けていることと同じなのだ。

サッカーファンはジュニーニョのサッカー選手としての働きだけでなく、グラウンド外での彼のことにも注目してくれる。だが、それが過度な反応となってしまうこともままある。

ジュニーニョは代表入りして以降、過激な批判を受けてきたが、それこそあらゆる悪口で責められた。周囲からの声は、ある時は大きな要求となって彼に向かってくる。いくら温厚でおとなしいジュニーニョでも、時には怒り心頭に発することだってある。彼は感情のない機械ではないのだ。

私は図太い性格で、まだ良かったと思う。私が過去に経験した生活は耐え難いものがあった。生活に苦しんだ時期には、ジュニーニョやラファエラに対してプレゼントを与えることさえかなわなかったのだから。しかし、私は「いつかはこのような状況も変わるよ」と彼らに話してきた。

ネイマール・ジュニアには夢を求めることの必要性を説いてきた。夢を見る力こそが私が息子に与えられる唯一のことだった。息子たちにとって唯一、与えられた権利だ。子どもたちは夢に向かって成長していってくれた。父親としてその姿を見ることができるのは、最上級の幸福である。

ジュニーニョについて最も感心しているのは、類い稀な観察力を持っていることだ。試合の流れと、相手選手の動きを実によく見ている。試合で素晴らしいプレーをする選手はたくさんいるが、全体の流れを読めない者は思いのほか多い。ネイマール・ジュニアの視界には、味方と相手選手の動きがすべて入っている。彼はあたかも観客席から分析を行っているかのように試合を見ることができるのだ。

さらに彼には吸収する力、学び取る力が備わっている。CMの撮影においても、彼は用意された台詞をすぐに覚えてしまい、言いよどむこともなかった。

また、彼は自身がこれまでやってきたプレー、やれなかった出来事の一つひとつを鮮明に覚えている。サッカー選手でそこまで過去の記憶を仔細に持っている人はいないのではないか。ジュニーニョは卓越した記憶力によって、さらに学ぶことを望んでいる。転がるボール一つにだって、常に注意を払っている。

もう一つ、彼のキャリアの中で重要なのは、辛抱強いということだ。彼がとても早熟であることは私もよくわかっている。ジュニーニョは誰よりも多くのことを、何よりも早くこなしてきた。しかし、彼が選手として、あるいは一人の人間として、その成長を無理に加速させてきたわけではない。急に成熟するための方法などないことを彼もわかっている。神もそのようなことを許さない。

ジュニーニョの体は17歳の時、平均的な年相応の体躯だった。19歳の時も同じだ。成長の時が来るのを待った結果、今の彼がある。彼は「しなければいけない時」というタイミングを知っている。それはピッチの内外においてだ。私はジュニーニョに何本かの道を示すが、決断を下してきたのは常に彼自身だ。これまでの彼の選択にはほとんど間違いはなかった。

私はジュニーニョの世話を見てきたが、基本は彼に自由にやらせてきた。サッカーにしてもそうだ。彼にもともとその能力があり、彼自身が責任を持ってそれを楽しんできた。それが彼と私のやり方なのだ。

ネイマール・ジュニアにとってのすべては試合にある。彼が獲得したタイトルとは、試合と真摯に向き合ってきたその結果だ。２０１１年、ペルーで行われたＵ－20ワールドカップにおいて、アルゼンチンのメディアはジュニーニョを絶賛してくれた。『オレ』という新聞の表紙には「ネイマラドーナ」（ネイマールとアラドーナをたした造語）という見出しが躍ったものだ。

ネイマール・ジュニアは1月17日にタクナ市で行われた初戦パラグアイ戦でデビューした。試合は4対2でブラジルが勝利したのだが、4得点はジュニーニョによるものだった。ペレとマラドーナ[*60]はしばしば比較されているが、マラドーナの地元アルゼンチンの新聞がジュニーニョと自国の英雄を並べて語ってくれるほど、この時の彼の活躍は目を見張るものだった。息子がそこまで破格の評価を受けるなんて、これを喜ばない父親はいない。

私はジュニーニョに対して特別の思いを持っている。だから、彼が出場する試合はいつだって観戦したいと思う。もちろん、それは単に息子を見続けたいということだけではなく、ピッチ上で繰り広げられるプレーを見ることが私にとっての何よりの楽しみでもあるからだ。

時に、ジュニーニョに対して危険なタックルが向かってくることは当然ながらある。そのたびにぞっとするが、それは父としてとか、サポーターとしてとかの視座で語るべきものではない。ただ、ピッチ上で捕まることが好きな選手はいないだろう。

ジュニーニョは常にナンバー1でありたいと考えている。それが偶然にも文字どおりのナンバー「1」になってしまったことがあった。

セレソンがアルゼンチンとベレンで戦った時のこと、アメリカ大陸におけるスーペルクラシコだ。極めて難しい試合展開となったが、その中でもネイマール・ジュニアは気を吐いていた。左サイドでプレーし、俊敏なドリブルで何度もチャンスをつくっていた。豊富な運動量に業を煮やしたのか、アルゼンチンのボランチ、ギニャスがジュニーニョのユニフォームを引っ張った。レフェリーはＦＫを命じた。ギニャスは判定に不服だったのか、何かを地面に放り投げた。よくよく見ると、それはネイマール・ジュニアの背番号だったのだ。

ジュニーニョはその時、11番をつけており、ギニャスは右側の「1」を剝ぎとっていた。剝がされた番号の周りは緑色に変色していた。左側の「1」はジュニーニョの背中に残ったままで、そこからのネイマール・ジュニアは「背番号1」としてプレーすることになったのである。私にとって彼はいつだってナンバー1の存在だ。採点は常に１００点、いや１０００点を付けたいと思う。

息子はいくつになっても私の宝だ

ジュニーニョはこれからもさらに大きな歓びを求めて生きていくだろう。彼はまだ十分に若いし、これから先、さらに多くの試合を戦っていく。彼の振るまい、真剣なプレー、サポーターへの愛情、そうした彼が持つ魅力に心酔する人々は、これからますます増えていくだろう。

ジュニーニョは選手としての才能と、持ち前の謙虚さによって認められていくだろうし、そうした彼の成長と、さらには彼がプロ選手としてのキャリアを終えるまでの歳月に私は伴走していきたいと思う。やせっぽちの体躯でボールの後ろを追いかけていた頃の彼を知っている人々は、成熟し、成功を収めたジュニーニョが、その当時とまったく変わらずに周囲に接していることに驚いている。しかし、そうした謙虚さこそ私が彼に望んだことだ。彼を慕う人から受ける感謝を、ジュニーニョは同じやり方で周囲に還元している。妻と私がしつけたことではない。生まれつきの性格なのだ。

ジュニーニョは温厚だし、慎ましい男だ。それは人生においても有効に働くことだろう。

親の欲目として言っているのではない。ゆりかごで眠っている時からずっとジュニーニョに付き添ってきて、率直にそう思うのだ。

私は彼にたくさんのことを要求してきたし、私自身に対しても彼を成長させるための努力を課してきた。父であるのと同時に、彼と彼の所属するチームのファンやサポーターであり続けるのは難しいことだが、私にとって第一であるのは、彼の父であるということだ。

私の孫でジュニーニョの息子であるダヴィ・ルッカは、彼の父を誇りに思うことになるだろう。そしてダヴィの周りの子どもたちも、きっとネイマール・ジュニアのことを見ながらサッカーを楽しむはずだ。ダヴィはサッカー選手の子として生まれたが、サッカー以外のたくさんの楽しいことも経験しながら生きていく。そのうえでサッカーを選択するかどうか、その選択の権利はダヴィのものだ。

懸命に働く者に対して、神は必ず加護してくれる。そして、神はピッチの中だけでなく、外でも助けの手を差し伸べてくれるだろう。

私はジュニーニョに感謝している。そして彼を支えてくれたファンやサポーターにも。息子はいくつになっても私の宝だ。そして、現在のネイマール・ジュニアは、サントスサポーターの、バルセロナの、そしてブラジルの宝でもあるのだ。

28

ネイマールの息子である歓び、ネイマール・ジュニアである歓び

僕の人生はありえない速度で進んでいる

僕の将来にはこの先どんなことが待っているんだろう？　10年後の僕はいったいどこにいるだろうか？

それはわからない。ただ、はっきりしていることは、その時の僕は、幸せであり続けるために大好きな仕事を続けているってことだけだ。願わくば、クラブのサポーターに歓びを与え続けられていることを祈りたい。サンティスタ、あるいはクレー（FCバルセロナサポーター）、ブラジル代表のサポーター、そして世界中の僕のファンに対して歓びを与えられているなら最高だ。すべてのスポーツファンにも歓びをもたらすことができたら素晴らしい。

僕は世界一のプレーヤーを目指して練習を続けているんじゃない。目立ちたいから試合に出ているのとも違う。自分のクラブやチームメイトを助けるためにプレーしている。ブラジルのファン、サントスＦＣファンのためにプレーする。そして、これからはＦＣバルセロナに貢献するためにプレーするんだ。それはサッカーを愛しているからに他ならない。

２０１３年という年は、僕に大きな成長をもたらしてくれたけど、これまでもすべてのことがものすごいスピードで次々に起こっていった。プロデビューしたのが17歳。父親になったのが19歳。僕の人生はすべてがとても早く進んでいる。でも、そのことが僕に多くの経験を与えてくれたのも事実だ。

これまでの半生の中で起きたことから、僕はたくさんのことを学んだ。その背景には、僕の隣にいつもいた最高のプロフェッサーである父さんの存在がある。

何かで僕が悲しんでいる時、父さんは決まってこんなふうに言うんだ。

「おまえはそのことからきっと何かを学ぶはずだ。今のおまえは泣いているけど、いつかは今日の涙が役立つはずだ。それがおまえを成長させてくれる」

その言葉を信じて努力を続けてきたつもりだ。もし神が望むのなら、２０１４年、ブラジルでのワールドカップにおいて、僕たちブラジルは６度目の優勝を果たすことだってできるだろう。２０１８年に７度目の優勝をすることだってあり得る。１００％無理だっていう話じゃない。そのために、まずは母国でのワールドカップで全力を尽くす。ブラジルのファンにその歓びを与えたいからだ。

僕はこれからも常に父さんの恩恵を得ていくだろう。父さんは僕のそばにいて、僕のために、家族のために、これからも共に戦い続けてくれるはずだ。

今の自分があるのも、父さんが支え、進むべき選択肢をいくつも示してくれたからだ。僕を培ってくれた最も重要な人間なんだ。

父さんは家族を養っていくのにとても苦しんだ。その経験があるだけに、僕が同じ思いをしなくてすむように、そして生き生きと生活できるように全力を尽くしてくれた。僕には将来を予見することはできないけれど、これからもずっと家族が一緒にいてくれることは確かなことだ。これは父さんが僕に与えてくれた最も大きな人生のプレゼントだ。

２００９年から２０１３年まで、サンチスタたちが僕に与えてくれた愛情にも感謝している。バルセロナのブラウグラナサポーターから受けた熱狂に対しても、そしてヴェルデ・アマレラ（緑黄色）のサポーターが、２０１０年からいつも一緒にいてくれることに。

いつまでも夢を諦めない子どもの心を持ち続けたい

僕はゴールをすることも、勝利することも、ましてや優勝することも、確約することはできない。

それは、僕一人で成し遂げられるものではないからだ。でも、戦い続けていくことは約束できるし、必ず全力を尽くす。いつも意欲的に走り回って、勇気と歓びを爆発させる。それが僕にできることだ。

ブラジル人選手特有の動きである「ジンガ」や、時に試合の重要な場面で「マリッシア（駆け引き）」を活かして僕はプレーを続けていくだろう。時には無礼な行為と受け取られることもあるかもしれないが、得点を決めた時は、思わず、派手にパフォーマンスすることもあるだろう。

サッカーには勝利だけが存在するのではない。引き分けもあれば、敗北もある。そして、それ以上のことが存在する。人生において、たくさんのアイデアをプレーヤーは与えてもらえるんだ。

サッカーは、子どもが戯れて遊ぶものから、仲間と和気あいあいとやるもの、そして、真剣に戦うものまでいろいろな楽しみ方がある。その多様性が面白いんだ。

僕はサッカーを思い切り楽しみたい、歓びを感じながらプレーをし続けたい。それによって多くの人に幸せを与えたいと思う。ドリブルをしてゴールを決める。いつまでも夢を諦めない子どもの心を持ち続けたい。

幼い頃から僕はサッカーの選手になりたかった。父さんがサッカーをやっているのを見た時から、僕も大人になったらああなりたいと思っていた。

もしも君が何かの夢を持っていたなら、その夢をとことん持ち続けるべきだ。誰かが無理だと言ったとしても、決して諦めちゃいけない。

僕は自分の夢を信じて生きてきた。素の部分の僕は、観客席を走り回ってベッチーニョに見出された時のガキだった頃と少しも変わっちゃいない。僕はいつもあの頃のままでありたいと思っているんだ。

僕にとっての勝利は結果じゃない。歓びを感じてプレーすることだ

朝はグラウンドでサッカーの練習をして、それから学校で勉強をして、夜はフットサルの練習。そして、夜道を父さんの背中に顔を押し付けバイクで家に帰る。

父さんが僕にしてくれたことを、僕も家族に対して与えてゆきたい。

父さんは僕のヒーローだ。助言者であり、最高に大事な友人だ。父さんが僕に対して与えてくれたものに対する感謝の言葉は、どうやっても言い尽くせない。父さんのためにも、母さんのためにも、僕の妻のためにも、僕はサッカーで全力を尽くす。

そして、我が息子、ダヴィ・ルッカ。僕は君にとって、僕の父さんと同じようなすべての存在でありたいと思う。これ以上ないほど、君のことを愛している。

僕と父さんの記録でもあるこの本は、これからの僕たちの人生における勝利によって、さらにページを増やしていくだろう。僕にとっての勝利とは、結果じゃない。歓びを感じながらプレーすることだ。ネイマールの息子である歓び、ネイマール・ジュニアであることの歓びを感じながら、これからも生きていきたいと思っている。

＊58 **フッキ**　ジヴァニウド・ヴィエイラ・ジ・ソウザ。かつて人気を博したアメリカン・コミック「超人ハルク」の主人公「フルク」をニックネームとする選手。ポルトガル語で発音するとフッキ。05年（18歳）から日本の川崎フロンターレ、コンサドーレ札幌、東京ヴェルディ１９６９でプレーした。08年、ポルトガルのＦＣポルトで大ブレイク。ヨーロッパリーグ優勝に貢献した。ブラジル代表には09年に初招集された。

＊59 **トスタン**　エドゥアルド・ゴンサウヴェス・ジ・アンドラーデ66年イングランドW杯ではペレとコンビを組んで大活躍。「白いペレ」と呼ばれた。その後70年メキシコW杯にも出場し、念願のW杯優勝を果たした。近年は解説者として活躍している。

＊60 **マラドーナ**　ペレと共に20世紀を代表するスーパースター。86年メキシコW杯は「マラドーナの大会」と称された。伝説となった５人抜きや神の手ゴールなどで世界中に注目されながらアルゼンチンを優勝に導き国民的英雄となった。90年イタリアW杯決勝トーナメント１回戦でブラジル代表と対戦。ブラジルが終始優勢に試合を進めていたが、ドリブルからのマラドーナの渾身のアシストにより決勝点を奪われ敗退させられている。その試合でブラジル国民は失望のどん底に沈められたが、サッカー選手としてのマラドーナに対し「最高のクラッキ」という評価を与えた。

物語はまだ始まったばかり　―あとがきに代えて―

これまでにネイマール・ジュニアとは二度会ったことがあるが、いずれも彼のサッカーキャリアの上で大きな転機となった時のことだった。

初めて会ったのは２００６年、彼がレアル・マドリードのテストを受けるため、スペインへ旅立つ前日のことだった。ちょうどその時、私は拙著『ジンガ：ブラジリアンフットボールの魅力』という本の取材のため、サントスＦＣを訪れていた。ロビーニョを育てたベッチーニョコーチから話を聞くためだ。ベッチーニョはブラジル人サッカー選手特有の動きである「ジンガ」について詳しく解説してくれた。その時まで私は、ジンガとはアフリカからブラジルに伝わった格闘技「カポエイラ」の中に見られるような、力を抜いて体を揺らす動きのことだと理解していたが、ベッチーニョは次のように説明した。

「サッカーにはリズムがあるんだ。ブラジルのサッカースタジアムには太鼓の音、ブーイング、拍手と様々な音が存在する。そうした状況の中で選手は、歓びを伝えるアーチストにならなければいけない。先ほど私が君にロビーニョのプレーをビデオで見せたら、君は微笑んで見ていただろう。それはロビーニョにはジンガがあるから、歓びが君に伝わったのだ」

インタビューを終えたベッチーニョは「これから私は練習に行くが、君にぜひ会ってもらいたい子がいる。明日、彼はマドリードに発つのでお別れの挨拶に来る。その少年は間違いなく素晴らしい選手になる。ロビーニョを見てきた私にはよくわかる」と自信満々だった。

しばらくすると、練習場に日焼けした少年が母親に連れられてやってきた。それがネイマール・ジュニアだった。少年はやせっぽちで顔にはまだあどけなさを残していた。こんな子どもが名門レアル・マドリードに入るということ自体、半信半疑であったが、折しも、FCバルセロナでは小柄なメッシが頭角を現し始めた時でもあったので、メッシほどにはならないとしても、ひょっとしたらプロ選手になるかもしれないと思い、私はこの少年にも話を聞いてみることにした。こんな小さい子どもに取材をするのは初めてだった。

ネイマール・ジュニアに好きな選手を訪ねると、「ジダン」と答えた。理由を尋ねた。
「テクニックといつも得点を狙う気持ちを持っている。それはサッカー選手にとってとても大切なことだと思う。しかも機転が利くし、インテリジェンスの力があるからね」

と、とても13歳とは思えない、しっかりとした答えだった。私の目をしっかりと見つめながら答える彼の視線には力があった。とても気が強そうな少年だというのがその時の印象だ。一緒にいた母親のナジーネにも話を聞いた。

「夫はいつも試合が終わるといろいろと批評するのよ。良かった点とかミスをしたところは、なぜいけなかったのかとか。時々、あの子が悲しそうな顔をしてプレーをしていると笑えってピッチに向かって叫ぶのよ。夫は口癖のように『サッカー選手はいつも幸せに感じていなければいけない』と言うわ。そのことをとても大切に考えているみたいなの」

今思えば、この父の言葉こそがネイマール・ジュニアがサッカー選手として育つうえでのキーワードとなっていたのだ。


2度目は、2011年、サントスFCでプレーをしているネイマール・ジュニアにインタビューした時だ。チェルシーからの巨額のオファーを断り、ブラジルに留まることを発表した直後だった。ブラジルでは「神童」と呼ばれながらも、結局は消えてしまった少年たちの例を何度も聞いてきたが、最初の出会いから5年を経たネイマール・ジュニアは、ブラジルを代表するスーパースターになっていた。そのことはやはり驚きだった。

それにしても、13歳の時、あれだけ目を輝かせて希望を語っていた彼が、なぜマドリード行きをやめたのかが疑問だった。彼に尋ねると、「ふさわしい時ではなかった」とだけ答え、あまり思い出したくないようなそぶりを見せた。そして再び、世界中が注目するクラッキとなった19歳のネイマール・ジュニアが、巨額のオファーをされながらもブラジルに留まると発表したことは、ブラジル国内では大きなニュースとなっていた。

近年、天才プレーヤーたちが軒並みブラジルから外国の強豪プロリーグに流出してしまうことに、ブラジルの人々は諦めにも似た気持ちでつきあわされてきたし、大金を前に積まれれば海外へ出ていくのはもはや当たり前のこととなっていただけに、彼の選択が人々に与えたインパクトはとても大きかったのだ。ネイマール・ジュニアはその時のインタビューで、

「ワールドカップが終わってからでもヨーロッパ行きは遅くない」

と、まったく後悔していない様子だった。

サントスFCのルイス・アルヴァロ会長にも話を聞いた。クラブワールドカップのタイトルを獲り、かつてペレが在籍していた頃のようなワールドツアーをまたやりたい、と話した。そして、「ブラジルにはネイマールのようなアイドルが必要とされているのだ」とも熱く語った。

しかし、サントスFCにとって大きな誤算となり、またネイマール・ジュニアにとってもヨーロッパ行きを目覚めさせることになったのが、2011年に日本で行われた、FCバルセロナとのクラブワールドカップ決勝戦だった。リベルタドーレス杯優勝のサントス

ＦＣが０対４と、まさかそこまでこてんぱんにやられるとは誰も思っていなかったはずだ。

その翌々年の２０１３年夏、ワールドカップを前に、ネイマール・ジュニアはスペインへ渡ることを決意した。ＦＣバルセロナの入団会見を私は映像で見たが、彼は終始、笑顔を絶やさず、とても幸せそうだった。

「バルセロナ行きを決めるうえで大切なことは、僕自身にとってそれが幸せに感じるかどうかでした。父はいつも試合後には必ず、僕がその試合を幸せに感じられていたかどうか確認するのです。今回のバルセロナ行きの決断に、僕は幸せを感じています」

会見はスペイン、ブラジルの記者のみならず、ヨーロッパ中のメディアが集まり、１時間以上にわたって質疑応答がされた。ネイマール・ジュニアの答えには随所に父親との関係の深さがうかがえたし、バルセロナのユニフォームに、ネイマールではなく、「ＮＥＹＭＡＲ　ＪＲ」と表記したことからも、同じ名前を持つ父親への強い信頼が表れていた。

そのバルセロナ入団直後に、ブラジルで出版されたのが本書だ。ブラジルでは男の子に生まれたなら、誰もがサッカー選手を目指す。よって、たいていの父親はサッカー経験があり、多少のアドバイスならば子どもに与えることができる。ましてや元プロ選手の父であればなおさらだ。そして父も子どもと一緒になって夢を見る。ネイマール・ジュニアの父はサッカー選手として成功する夢を持ちながらも、家族のために夢を諦めた。それを知っているネイマール・ジュニアは、様々なことを感じながら父の助言を得て成長していく。貧しさの中、困難を乗り越えて成功を収める。ブラジルではよくあるサクセスストーリーでもある。しかし、本書で語られるのはそうした紋切り型の話ではない。

それともう一つ誤解されがちなことだが、確かにブラジルでプロサッカー選手として大成するのは、貧しさを乗り越えたいと強く思う、ハングリー精神が大きな糧となっているということだ。しかし、この貧しさという定義には一つ注釈が必要だろう。私自身、何度かブラジルを取材して感じたのは、貧しさにも2段階あるということだった。ファヴェーラと言われるスラム街は、2014年ワールドカップを前に治安も良くなってきている。しかし、一時期は映画『シティ・オブ・ゴッド』(2002年)にも取り上げられたことがあるように、治安は最悪、犯罪の温床ともなっていた。ファヴェーラの子どもたちも例外なくサッカーをやっているが、ファヴェーラに住んでいる家庭の父親は仕事を持たず、子どもたちは夢さえ見られない絶望的な貧困生活を強いられる。その結果、犯罪に手を染めてしまうことも多く、こうした状況下からはプロサッカー選手、ましてやブラジル代表まで上り詰めるような存在はなかなか生まれてこない。かつてインテルで活躍したアドリアーノのようなファヴェーラ出身の選手は例外と言えるだろう。

つまり、貧しいだけではダメなのだ。貧しさの中、父親がいかに一生懸命頑張っているかが重要なのだ。父親の背中を見ながら、子どもたちは、「いつの日かお金持ちになって楽をさせたい」と強く感じるようになるのだ。

ネイマール・ジュニアが世界のトッププレーヤーとなったことには、確かに天賦の才もあるだろう。だが、これだけ短期間でスターへの階段を駆け上がってきた背景には、父の生きてきた半世紀が、しっかりとネイマール・ジュニアの頭にインプットされてきたからに他ならない。本来なら経験でのみ得られるものを、父から逐一アドバイスとして受け取ることができたのがネイマール・ジュニアの強みとなったと言える。さらにネイマール・ジュニアの場合は、子どもの時から注目されてきたプレッシャーもあり、それに堪えながら成長していくためには父親の支えはとても大きな力となったはずだ。

これは余談だが、近年、日本でもサッカーをする子どもを熱心に応援する父親が増えてきている。サッカー文化の点でブラジルと日本の間には大きな開きがあるが、父親として子どもにどのように接するべきか、それに対する答えを探す楽しみも本書は提供してくれている。

ブラジルにはなぜこれだけたくさんのクラッキが生まれてくるのか。ベッチーニョコーチが話した、歓びを人に与える「ジンガ」の要素はとても大きいかもしれない。幸せを感じながらプレーすることを絶えず息子に勧めてきた父親の指導法こそ、まさに「ブラジルサッカー＝ジンガ」を大切に考えている証しなのだ。

ブラジルサッカーは見ていて楽しい。選手たちが放つ幸せのエネルギーが、それを見ている人にも伝わってくるからなのかもしれない。そのこと自体は、ブラジル人サッカー選手が持つ一つの要素にすぎないが、スポーツ選手としてやっていくうえで、「幸せを感じながらプレーする」という大切なことを、この本は改めて教えてくれるのだ。

＊

最後にネイマール・ジュニアのようなクラッキがいかにして育ったのか、父と子という関係性からその答えを引き出そうとした、本書「ネイマール　父の教え、僕の生きかた」を翻訳するチャンスを与えてくださった徳間書店に深く感謝を申し上げます。特に遅れがちな翻訳作業を、常に励ましていただき、また様々なアドバイスを与えてくださった担当編集者の茢部達矢さん、私と一緒に何度かブラジル取材に出かけ、素晴らしい写真を本書に提供してくださったカメラマンの安川啓太さんにもとても感謝しております。

そして最後までこの本におつきあいいただいた読者のみなさまには心から御礼を申し上げます。

ＦＣバルセロナに移ったネイマール・ジュニアはすぐにメッシを助ける以上に、大活躍を見せ、人気を集めています。ブラジルを代表するクラッキの片鱗を早くも見せつけています。彼のこれからの活躍は無限大であり、さらに偉大な選手となるのは間違いないでしょう。いつも歓びを感じながらプレーするネイマール・ジュニア。彼はこれからも幸せを感じながらプレーを続け、私たちに幸せをもたらしてくれるはずです。そして何よりも私たちは彼のサッカーを存分に楽しんでいきたいものです。

２０１４年３月　　竹澤　哲

プロジェクト・ネイマール・ジュニア財団について

プライア・グランジ市のジャルディン・グローリア地区、それはネイマール（父）が稼いだお金で家を建てた場所ですが、そこにシウヴァ・サントス家にとってのみならず、その地域の人々すべてにとっての夢を築こうとしています。貧しい地区の子どもたちだけでなく、その両親、きょうだい、家族のために、生活、健康、スポーツ、教育などを向上させていくための施設を設立する、まさに地域に根ざした大きな家族をつくろうという発想のもと、「プロジェクト・ネイマール・ジュニア財団」はつくられました。

当財団は、社会問題に取り組む民間の非営利団体です。恵まれない子どもたちのための教育とスポーツの複合施設であり、一人あたり月収140レアル（日本円にして約6000円）未満の家族を受け入れてまいります。身体活動を促進させ、多くの人に文化への関心を高めさせることで、家族の社会教育的な成長に貢献することを目的としています。

スポーツを通じて、子どもたち、家族、そしてコミュニティ全体の視野を広げること、さらには、サッカー選手になることが目標ではない方々に対しても、専門知識や様々な情報を伝達することで、より良い環境で成長し、豊かな生活が送れるようにサポートしていきます。施設の敷地は8400平方メートルあり、まず、第一段階として、そこに7歳から14歳までの子どもたち2300人を受け入れる予定です。同様に子どもたちの保護者も迎え入れる予定で、その人数は1万人を想定しています。保護者の皆様には、当財団が支給するTシャツを着用いただき、ファイナンス、健康、モチベーションなどの情報に関する講演、職業訓練、リサイクル講座、成人向け識字教育、水泳をはじめとする高齢者向けの水中エクササイズなどに参加することができます。

すべての活動はプライア・グランジ市との　コンセッション方式となっており、施設のある土地は、当初30年、そこからの更新でさらに30年の賃貸借契約を結んでいます。当財団の拠点はジャルディン・グローリア地区ですが、アエロクルービ、アプラジーヴェウ、グアラマール、ギリェルミーナ、マリーリア、サン・セバスチャン、シチオ・ド・カンポ、ヴィラ・ソニアの各地区の人々も受け入れます。

子どもたち及びその家族の参加基準は、前記の地区に居住していること、ジョゼ・ジュリオ、ホベルト・サンティニ、エウザ・オリヴェイラ、マリア・ニウザの各校に在籍し90%以上の出席率があること、さらに保護者が当施設における各活動に参加していただくことが条件です。

財団の運営に関しては、我々自らの財源と民間からの支援によって行われる予定です。財団の活動には、政策減税により生じた個人・法人の資金及びコミュニティのために与えられた自発的な寄付金が使用されます。この夢を実現させるためのインスピレーションは、ネイマールの苦難の幼少期から来ています。

「私が子どもの頃、欲しかったのは、この施設のように通える場所であり、そのような場所が私の住む地区にはなかったのです。このプロジェクトを始めることを、ネイマール・ジュニアが引退する日まで待ちたくはありません。彼が現役の間に実現させることが大切なのです。

親たちが子どもたちの人生の選択を手助けできるように、すべての家族に必要な情報を提供します。家族は共に歩まなくてはなりません」（ネイマール〈父〉）

ネイマール・ジュニアの母・ナジーネと妹・ラファエラも、プロジェクト・ネイマール・ジュニア財団の運営に携わっています。ナジーネは、夫と共にこのコミュニティで生きてきた現実を変えるという夢を持っています。

「私たちはこの地区に何が本当に必要なのか、を知っています。私たちは地域コミュニティをもっと良いものに変えることができるのです」（ナジーネ）

また、ラファエラも母に同意しています。

「この財団は私たち家族の夢です。コミュニティの多くの人々の生活をより良くするために、夢を現実しましょう」（ラファエラ）

当財団は、ネイマール・ジュニアが育った地域コミュニティに対して、新たに具体的な可能性を提供していきます。今日、世界で活躍し、ブラジルを代表する選手となったネイマール・ジュニアも、このプロジェクトの動向に注目しています。プロジェクトへのキックオフはすでに行われました。グラウンドの内外で新しい歴史が描かれようとしています。

ネイマール・ジュニア

本名＝ネイマール・ダ・シウヴァ・サントス・ジュニオール
(Neymar da Silva Santos Júnior)

1992年2月5日生まれ。ブラジル、サンパウロ州モジ・ダス・クルーゼス出身。175㎝／65kg。FW。サッカー選手だった父親の影響を受け、6歳からフットサルを開始。2003年、11歳の時にサントスFCの下部組織に入団し、16歳でプロ契約。09年、17歳でトップチームデビューを果たすと、10年にはサンパウロ州選手権、11年にはコパ・リベルタドーレス杯を制して大会MVPに輝く。13年5月にスペインのFCバルセロナへ移籍。代表では10年8月のアメリカ戦に初招集されて以降、絶対的エースとして大活躍を続けている。

ネイマール

本名＝ネイマール・ダ・シウヴァ・サントス
(Neymar da Silva Santos)

1965年2月7日生まれ。ブラジル、サンパウロ州サントス出身。幼い時よりサッカーを始め、プロ選手として国内の下部リーグのチームで活躍し、32歳で現役を引退。引退後は、様々な仕事をしながら、ネイマール・ジュニアを育て上げる。現在はNR スポーツ社のオーナーとして、息子の活躍を支えている。

竹澤 哲／訳者

(Satoshi Takezawa)

上智大学外国語学部ポルトガル語学科卒業後、ポルトガルとスペインに8年間滞在。帰国後、通訳、翻訳の仕事を経てスポーツ・ジャーナリストに。南米、欧州サッカーをテーマに多数寄稿。著書に「フォルツァ！　アレックス」（文春ネスコ)、「ジンガ：ブラジリアンフットボールの魅力」（プチグラパブリッシング)、「クリスティアーノ・ロナウド―ポルトガルが生んだフェノメノ」（文藝春秋)、翻訳に「監督の条件」（日刊スポーツ出版社)、「エビータの真実」（中央公論新社）がある。

ネイマール　父の教え、僕の生きかた

第1刷　2014年3月31日

著　者　ネイマール
ネイマール・ジュニア
マウロ・ベティング
イヴァン・モレー

訳　者　竹澤 哲

発行者　平野健一

発行所　株式会社徳間書店
〒105-8055　東京都港区芝大門2-2-1

電話　編集　03-5403-4344／販売　048-451-5960

振替　00140-0-44392

印刷　凸版印刷株式会社

製本　ナショナル製本協同組合

ISBN978-4-19-863778-1